はじめに
もう、「どう表現すればいいんだろう……」がなくなる

「なんて言えばいいんだろう……」

「こんな雰囲気のことを伝えたいんだけどな……」

話をしているときでも、文章を書いているときでも、こういったことはよくあります。

社会人になると、**「頭の中で考えていることを、言葉にして、うまく伝える」**ことが非常に重要になります。

なぜなら、どんな形であれ、コミュニケーションが成り立たなければ、ビジネスにおいても、プライベートにおいても、困ることが多いからです。

会話、説明、プレゼン、交渉、文書作成、会議……だけではなく、あらゆることで自分の考えをうまく伝えることが必要になります。

「あの人は、何を考えているのかわからない」「あの人は何も考えていない」「あの人は、

何を言いたいのかよくわからない」と思われてしまえば、社会人としてのレベルを低く見積もられてしまいます。

どんな考えも、言葉にして外に発信しなければ、**考えていないことと同じで、なんの意味も価値も生まない**のです。

特にビジネスでは、考えていることをアウトプットしなければ、評価されない現実があります。

私の専門は、音韻《おんいん》学、書誌学、文献学ということもあり、言葉についての研究を長年やってきました。日本人が、どんな言葉によって動かされ、歴史がつくられていったのか、ということも研究しています。

日本人には、独特の**「思考を言語化する型」「言葉を理解する型」**があります。

これらを知ることで、自分の考えを言葉にして、うまく伝えることができるようになるのです。

また、私は研究結果を発表したり、大学で講義も行なっています。講演会で話をしたり、メディアに出演して情報を発信することもあります。

その経験から培《つちか》った、「自分の考えを的確に伝える技術」もご紹介しています。

〝言葉にできる人〟ほど評価される

私が日本語や語彙《ごい》に関する本を多く執筆しているということもあり、先日、ある女性編集者からこんな相談をされました。

「気がつくと、『ヤバい』という言葉を多用してコミュニケーションを成立させています。どうすれば、もっと知的な表現ができるのでしょうか」

「まさか、本当にそんなことがあるのか」と思い、学生にも聞いてみると、「私もそんなことがよくあります」という話をしてくれました。

こうなると、多くの世代の意見を聞きたくなり、少し年輩の方にも話をうかがいました。さすがに「ヤバい」という言葉は使わないようですが、「すごい」「おいしい」「かわいい」という言葉があれば、1日を過ごせるとおっしゃいました。

男性会社員にも話を聞いたのですが、「了解しました」「疲れた」「スゴい」だけで、だいたい事足りるとのことなのです。

ただし、**「言葉が足りない」「本当に伝えたいことが、伝えられていない」と、みな悩んでいたのも事実**です。

語彙の不足はもちろんですが、〝何をどういうふうに伝えればいいのかがわからない〟という人も多いものです。

これは、日本人だけの悩みとは限りません。私の周りのフランス人も、アメリカ人も、中国人も、同じ悩みを抱えています。

どの国の人でも、「毎日、同じような言葉ばかり使っている」のです。

これは、別の言葉で言えば、**「表現力を磨いていない」**ということになるでしょう。

たとえば、国内外を問わず、最近のテレビドラマを観ていても、語彙が少なく、表現も陳腐《ちんぷ》になったように思わずにはいられません。

どうして、こうなってしまったのでしょうか？

ひとつ、考えられるのは、読書量の不足が招いた結果ではないかということです。

インターネットの普及と同時に、ゲームや自動的に送られてくるリアルタイムのニュースに翻弄《ほんろう》される。ＳＮＳなどで、メッセージを書こうとすれば、予測自動変換機能が、自分の代わりに言葉を選び出してくれる……。

こうなれば、言語学習、語彙の蓄積という積極的な面が、失われていくことになるのは当然です。

とはいえ、時代に逆らってもしかたがありませんし、言語化や、伝えるスキルを磨いてこなかったことを、今さら悔やんでもしかたがありません。

話でも文章でも、〝言いたいことが伝わる〟シンプルな技

そこで、本書では、「自分の考えを言葉にして、うまく伝えるシンプルな技」を書きました。

「思考を整理して、明確にする」「思考を言語化する」「表現の幅を広げるための語彙力をつける」「会話や文章をうまく伝える」「ひとつ上の説明の技術」。

これらをご紹介しています。

そして、〝根底から〟〝積極的に〟自分の中にある心の豊かさを耕し、それをどのように言葉として人に伝えていけばいいのか、ということについても書かせていただきました。

あなたのお役に立てれば、これほどの喜びはございません。

山口謠司拝

頭の中を「言葉」にしてうまく伝える。　目次

第1章

自分の頭の中の考えを言葉にして、うまく伝えられる人が評価される

“第2章”

まずは、思考を整理して、可視化する

第3章

思考を深めて言語化する

第4章

表現の幅を広げる「語彙力」のつけ方

第5章

日本人には特有の「伝わりやすい言葉のパターン」がある

第6章 わかりやすく説明するための一工夫

素材提供：Zubdash, Voysla, KASUE, Artos/Shutterstock.com

第1章

自分の頭の中の考えを言葉にして、うまく伝えられる人が評価される

言葉にできるかどうかで、ここまで大きな差がつく

「詩を書かない詩人」という言葉があります。

少しおかしな表現ですが、詩人はやはり詩を書いてこそ、はじめて詩人と言えるのではないでしょうか。

もっとも、吟遊《ぎんゆう》詩人《しじん》は詩を書かなくても、自分の思いを声に出して詠《うた》うことができれば、それはそれで素晴らしい「詩人」です。

私も、吟遊詩人に似たような人をひとり知っています。「発表もしないし、論文も書かない」けれど、優れた学者です。

その先生は、他人の業績への批判が厳しく、優れた学説めいたことをおっしゃるのですが、学術発表をすることもなければ、論文を発表することもありません。

私がまだ学生の頃、その先生の素晴らしさを周りの人々が話しているのを聞いて、尊敬していました。

でも、それから30年がたった今では、なんの業績もないこの先生のことを、**「本当は、自分の考えを言葉にして、うまく伝える能力に欠けていた」**のかもしれないと思うようになりました。

一方で、「文章はうまく書けないし、話をうまく伝えることもできない」ということを克服した人も、私は知っています。私の仲のいい友人です。

彼は、一対一で話をしていても、話がとても回りくどく、何を言いたいのかが全く理解できませんでした。書く文章も同じく、全く理解できないレベルだったのです。

以前、彼が私に「読んでみてくれないか」と頼んできた文章があります。

この文章は、あまりいい意味ではなく印象が強かったので、今でも覚えています。友人の名誉のためにも、作者が誰だかわからないように、少し文章の内容を隠しながらご紹介します。

「私は、〇〇図書館の貴重書室で、□□という本を見て、赤い表紙の本で、これは江戸時代の初めのものだと思うのであるが、おもしろくない本で、読んでいて何度もあきる本で、この本について研究をした」

いかがでしょうか。

「これでは、論文として雑誌に掲載してもらうことなどできないだろう」と、私は思いました。

「何を問題として扱っているのか」を聞いてみても、彼はうまく答えることができないのです。

しかし彼は、一生懸命うまい文章を書く努力を続け、人前で話す技術を身につけたことで、今では第一線で活躍しています。

頭の中の考えをうまく表現できるか、できないかで、ここまで大きく差がついてしまうのです。

どんな考えも〝言葉にしなければ〟意味がない

ここまで、私の仕事仲間を例にお話ししてきましたが、

「自分の頭の中にある考えを〝言葉にして表現し、うまく伝える〟ためにはどうすればいいのか」

という悩みは、多くの社会人が抱えています。

新人、ベテランにかかわらず、

「うまくプレゼンテーションができない」

「交渉のときに、うまく言葉が出てこない」

「適切な文書を短時間で、わかりやすくまとめられない」

「自分の書いた文章が伝わらない」

「相手を納得させる、文章力も会話力もない」

……などの問題を抱えています。こういったことができなければ、社会人としてのレベルを低く見積もられてしまうという現実があります。

いつまでたっても、望む地位につけなかったり、やりたい仕事ができるポジションにつけなかったり、残業時間が増えて自分の時間が犠牲になったり、昇進、昇給がままならないことにつながります。


仕事以外のプライベートでも、家族や友人、パートナーから「あなたが言っていることは、よくわからない」と耳を傾けてもらえないことになると、信頼関係が築けないので、日々の生活がつらくなります。

社会人だけではなく、学生たちも同じです。

言いたいことはあるし、いいアイデアもあるのに、なかなかそれを言葉にして、口頭で伝えたり、文章にすることができない人が多いのです。

残念なことに、こうした学生は、研究成果がなかなか認められませんし、自分が希望する職業につくことも、自分が望む会社に就職することもできません。

いずれにしても、いくら素晴らしいことを考えていても、いくらいいアイデアを持っていても、**それを言葉にして伝えることができなければ、周囲の人にとっては、「考えていない」のと同じこと**です。

むしろ、うまく伝えられないことによって、スキルに乏しい人のように受けとめられるのが現実です。

頭の中の考えを、言葉にしようとして、かえって裏目に出てしまうようなことにならないために、早急に手を打つ必要があるのです。

思考をアウトプットしてこそ、社会人は評価される

私は大学の教員ですが、この仕事は日々インプットとアウトプットの繰り返しです。アウトプットの部分から言うと、授業では1コマ90分（場合によっては100分）、ほとんどずっと話し続けなければなりません。これを、最低でも1週間に6コマこなします。

また、少なくとも1年に一本は、論文や本を書かなければいけません。さらには、2時間あまりの講演を頼まれることもあります。

これらのアウトプットがうまくできなければ（授業も下手、論文も書けない、本も書けない、講演もできないということになると）、大学の教員としての生命は半分以上終わったことになります。

研究費がもらえず、学生からは授業に対する低い評価しか得られなければ、**給料泥棒と後ろ指を差される**ことにもなるのです。

よく考えると、６コマ×90分＝５４０分の授業をこなすだけであれば、１週間に９時間しか働いていないということになってしまいます。

公務員や会社員の人たちは、１日に８時間の労働で、１週間に40時間以上は仕事をしています。経営者の中には、人生のほとんどの時間を仕事に注いでいる人もいるほどです。

授業だけをこなして、研究や執筆、講演などを一切やらないということになれば、たった週９時間の仕事で給料をもらっていることになります。これでは、大学の経営陣も、生徒の親も、世間の人々も黙っていられないはずです。

とはいえ、これは何も大学の教員に限ったことではないと思います。

どこの会社でも、企画を練ったり、プレゼンをしたり、クライアントと話をしたり、書類を作成したり……といった、**アウトプットが苦手だということになれば、会社の中では、居場所がなくなってしまいます。**

何年経験を積んでもなお、与えられたルーティンだけを、会社から言われたままにやっているだけでは、なんの評価も得られません。

アウトプットをうまくしなければ評価されない現実が、どこの世界にもあるのです。

だからこそ私は、頭の中の考えを言葉にして、うまく伝える技術を、文学研究者の経験からお話ししていきたいと考えました。

プレッシャーから〝自分を解放する〟ために必要な力

以前は、アウトプットをしなくても、それほど厳しい時代ではありませんでした。

私の専門分野で言えば、10年に一度、大きな研究成果を出せばそれでいいという風潮がありました。

次の10年間は、その研究成果を学生にとつとつと教える授業をして、時間をかけて10年後に成果を出すための研究をコツコツ行なえばよかったのです。

ひとつ大きな業績をつくっておけば、周囲からその努力をくみ取ってもらえるという雰囲気があったのです。

ところが、コンピュータが普及し始めた１９９０年代からは、そうした雰囲気が一掃されてしまったと、肌で感じられるようになりました。

研究業績を発表すれば、それが何度引用されたか、どれくらいの影響があったのか、といった「成果」が数値としてハッキリわかるようになったからです。

また、研究をするには、「科研費」と呼ばれる文部科学省からの補助金を得ることが多いのですが、何度科研費を申請したか、そのテーマは何か、採択率は何%か、といった細かなデータがネット上で公開されるようになりました。

実績がないと、まず昇格ができません。やりたいと思う研究もできなくなります。そして、何よりも学校や学科の人気を落とすことになって、学生を集める力が弱まってしまうのです。

学者も、現実から逃避した立場や境地のような象牙《ぞうげ》の塔《とう》で、胡座《あぐら》をかいていられる時代ではなくなってしまったのです。

情報の透明化がこれだけ進んだ時代では、当たり前と言えば、当たり前です。

アカデミズムの世界ですらそうなのですから、一般の企業における「アウトプット」のプレッシャーはいかばかりか、と思います。

だからこそ、伝える技術や説明の技術、会話術、プレゼンの技術、文章術などのスキルを高めるための本が多く出版され、セミナー、講座が多くあるのだと思います。

学生たちのこれから先も案じられてなりません。

なぜなら、自分の考えを「言葉にして伝える訓練の場」が足りていない、と感じるからです。

彼らが、これから社会に出ていって、

「しっかりと自分の考えを言語化して、表現していけるのだろうか」

「自分の考えをしっかりと明確にすることができるのだろうか」

「思考それ自体をしっかり深めていけるのだろうか」

と案じられるのです。

伝え上手が持つ2つの技

実際に、頭の中で考えたことを「言語化」できないデメリットは、深刻に私たちの人生に影響を与えます。

予測していなかった状況が発生した際に、うまく言葉で対応できなかったとしても、それはまだ理解できます。

しかし、学生からこんな電話がかかってきたりすると、私は本当に面食らいます。

「すみません、ちょっと難しいかな、と思っているんですけど……。今、レポートのテーマを探してるんですけど……。結構、自分はこだわってる時代とかはあるんですけど、そのあたりとか、どうかな、と思って……」

そして、無言になります。

これでは、私はどう反応していいのやら、さっぱりわかりません。

これは、語彙力《ごいりょく》がないといったこと以前の問題です。そもそも頭の中の整理がついていないのだと考えられます。

こちらから電話したのではなく、向こうから電話をかけてきたのですから、せめて事前に話すことをメモにしながら、自分の考えを整理しておけばいいのに、とあきれてしまいます。

いえ、実は、本人の頭の中では言いたいことの整理ができているのかもしれません。当然、相手にもそれが伝わると思い、いきなり話を始めている可能性が高いのです。

でも、ある話題を始めるにしても、まずその前提となる状況について、きちんと相手に伝えなければ、会話というものはスタートしません。

この電話で言えば、いったいなんの用件を伝えたくて、あるいは、何について確認したくて電話をしてきたのか、まずは説明することが必要です。

「今、ゼミのレポートのテーマ選びについて、とても迷っています。それについて、先生のご意見をうかがいたくご連絡したのですが、今、お電話で少しお話ししても大丈夫でしょうか?」

本題に入る前に、最低限、これくらいの言葉は必要です。

そうすれば、私は「ああ、レポートについてのアドバイスを求めたいのだな」と察知することができ、次なる会話への心構えもできるのです。

つまり、頭の中を言葉にしてうまく伝えるためには、「自分の頭の中にある考えを明確にする技」と「考えを伝える技」を知る必要があります。本書では、これらの方法をご紹介していきます。

宇宙人と会話を成立させるには？

たしかに、こういった前提がなく会話がスタートしても大丈夫な関係というものも存在します。

それは、多くの趣味や志向を共有している友人同士です。

「これ、やばいよね！」

と言った言葉で事足りてしまう関係もあります。

こういう関係なら、なんの問題について、どういう論点で、どの情報を共有しようとしている、といっためんどうな説明は不要です。目配せしてスマホでも見せ合って、スタンプを送れば情報交換は終了です。

その感覚の延長線に、先ほどの電話の例があるのです。

つまり、前提を話さなくても「あ・うん」で伝わってしまう会話に慣れているため、いきなり、本題（しかも、要点のまとまっていない本題）からスタートしてしまうのです。

友人同士ならばそれで十分かもしれませんが、仕事相手に対してはそうではいけません。

ただ、友人同士でも、時には言葉をつくして、自分の思いを伝えたり、相手の意図をくみ取ろうとしたりする努力が必要なこともあります。

どんなに親しくても、相手のことは最終的にはわからない。

その、**わからない相手の胸の内に想いを巡らせ、少しでも理解しようと言葉をつくして努力する。**

それが、人と人との関わりなのです。

そのためにも必要なのが、5W1Hという日本語の文章の組み立てです。

多くの人たちに、この基本を組み立てる訓練が圧倒的に足りていません。英語については、SVCなどといって文法の組み立てをしっかりと勉強するのに、なぜか国語の教育では、その組み立ての訓練が十分には行なわれていないのです。

特に、学生や新人社会人の人々は、目上の人との会話にも慣れていないのですから大変です。

つまり、「会話の前提を言葉で説明しなければいけない相手」との会話に慣れていないのです。

したがって、そういう人との会話は、自分の世界の境界線の向こう側、言うなれば、宇宙人と話をするかのようなハードルの高さになってしまいます。

これでは、社会で自分の考えを言葉にして伝えていくことなど、土台無理な話なのです。

自分と相手を〝つなぐ言葉〟を持つ人は強い

言葉や文章でのコミュニケーションが成立しない、という悩みを持つ社会人は多いものです。

これは、わかりやすい例で言うと、「相手に謝罪をする」といったややこしい場面で顕著《けんちょ》に現れます。

相手は怒っている。だから、謝らなくてはいけない。

そのことは理解できるのですが、相手がなぜ怒っているのかが理解できないので、会話が成立しにくくなるのです。つまり、「自分が相手を怒らせている」という状況が文脈として理解できないのです。

すると、謝罪しようとしても言葉がちぐはぐになってしまい、全く相手に届きません。

自分と相手をつなぐ言葉が存在しないからです。

では、なぜ、怒っている相手と、怒らせている自分がつながることができないのでしょうか。

それは、しっかりと**相手の立場になって考える、という体験が圧倒的に少ない**からです。

「相手の立場になって考える」ための一番簡単な体験とは何でしょう。それは、読書です。本を読むという体験です。本を通して、私たちは主人公の立場になりきることができます。

本は、私たちに想像の翼をくれます。その翼で、私たちはどこまでも飛んでいけるのです。

時代も国境も越えて、場合によっては時空も飛び越えて、自分ではない存在になることができます。

ところが、読書体験に乏しい人は、その感性が育《はぐく》まれていません。意識は「自分」の内側から1ミリも外に出られないままです。

だから、「この人は、怒っている」という、目の前の現象にしか意識がいかないのです。「相手が自分に対して、なぜ、怒っているのか」ということには思い至ることができません。

社会に出てからつまずいてしまう事柄の多くは、相手の立場に立てないがゆえに起こるトラブルが原因であることが少なくありません。

「理解してくれない……」という〝相手とのすれ違い〟を改善する

自分が頑張って考えた企画を相手が評価してくれない……。自分が売りたいものを相手が買ってくれない……。

うまくいかないことの原因を表層だけでとらえていては、思考を深めていくことはできません。

そのため、うまくいかないのは〝理解してくれない〟〝買ってくれない〟相手のせい、ということになります。

そうすると、相手のせいでうまくいかない自分は「なんて、かわいそうなんだ」ということになり、改善の糸口を見出すこともできないまま、不幸のスパイラルに陥っていきます。

ところが、まず**相手の立場に立ってみるだけで、見えてくる風景は一変する**のです。

その人が置かれている状況において、その商品が果たして必要なのか、あるいは、その人の立場を考慮すれば、違う資料を用意して説明すべきではなかったか。

その人に理解できる言語、その人がイメージしやすいビジュアル、その人にとって都合のよいタイミング……など。

考慮し、改善すべきポイントが、無数に見えてくるのです。

とはいえ、読書体験が少ないことが原因でコミュニケーションがうまくいかないとしても、今さら本を読んでこなかったことを悔やんでもしかたがありません。

本書では、日本人の性質を踏まえて、思考を言葉にする技術と、それを相手に伝わりやすい形でアウトプットする技術をお話ししていきますので、参考にしてみてください。

言葉を操る人のスタンスは「中庸」

相手の立場に立ってみるといっても、何がなんでも完全に相手と同化する必要は、もちろんありません。

儒教の大切な教えのひとつに、「中庸《ちゅうよう》」というものがあります。

「中庸」という文字だけを見て、なんとなく平凡そうな、突き抜けていない、つまらなそうなイメージを抱く人もいるかもしれません。

「中」という漢字は、こういう形をしているからイメージしづらいのですが、ぐるっと90度反転させてみてください。的の真ん中に矢が突き刺さっている絵であるとわかるでしょう。

的の真ん中を矢で射抜くためには、力みすぎてもダメ、力を抜きすぎてもダメで、ちょうどよい力で射ることが肝要です。

さらに、「庸」の字は「常に」という意味を持っています。つまり、「中庸」とは、常に真ん中の状態であり続けなさい、という儒教の教えなのです。

これは、人との関係にも通じる考えです。

同化しすぎるのでもなく、全く否定するのでもなく、極めて自然体にほどよい状況に心の中を保ちつつ相手と向き合うこと。

完全に相手の状況に感化されすぎて、すべてを受け入れようとするのでもなく、逆に、拒絶したり遠ざけようとしたりするのでもなく、真ん中の状態を保つこと。

私たちは、つい、「白か黒か」「マルかバツか」「右か左か」「受け入れるか否定するか」といった極端な二者択一を性急に求めがちです。

自分のことを肯定するのか否定するのか、とせっかちに答えを相手に求めたり、これは良いのか悪いのか、と結論づけようとしたりしてしまいます。

プレゼンをするにしても同様です。

「相手の心に響くプレゼンをしよう」「自分のよさを完璧に伝えよう」と力みすぎるから、それが届かないときに空回りする。自分を否定されたと思い、落ち込むのです。

心が右に左に大揺れしてしまっているのです。

そんなときこそ、孔子の教え「中庸」という言葉を思い出してみてください。

ゼロでもなく100でもなく、ちょうどよい距離を保ちながらプレゼンしてみましょう。

おそらく、力みもなく淡々としすぎることもなく、ほどよい温度の言葉を紡《つむ》ぎ出すことができるはずです。

そして、相手の反応にいちいち心が揺れることもなくなります。

自分の思考を伝えるための基本姿勢として、「中庸であることが大切」だと忘れないでください。

「頭の中の考えを言葉にして、伝えられる人」になるために

自分の頭の中を整理する。

頭の中を言語化して、相手に伝える戦略を練る。

そのためには、ひとりで考え込んでいるだけでは方法論は見えてきません。

実は、**こうした悩みは、古《いにしえ》の時代から、人々が考え続けてきたこと**です。

「頭の中の考えを言語化し、相手に伝えたい」ということは、時代を超えて人々が考えをめぐらせてきたテーマのひとつなのです。

その意味では、古典の中にあらゆるヒントが詰まっているといっても過言ではありません。

人間の長い歴史の中で、いくつもの名著が生まれ、今、私たちはそれらを手軽に読

むことのできる環境に生きています。

毎日、通勤時間や昼休み中、あるいは帰宅後、漫然とスマホのゲームなどで時間を潰しているのなら、1冊でも古典を読んでみてはいかがでしょうか。

それは、**あなたの言葉の力を伸ばす貴重な時間**となります。

対人能力アップのためのセミナーや、スキルアップのための資格取得講座などに通う必要はありません。古典を1冊読んでみてください。

古典の中には、人間の悩みを解決してくれる知恵が詰まっています。

これこそが、実は、重要なインプットです。どんなにセンスのよい人でも、インプットを全くせずに魅力的なアウトプットを繰り返していくことなど不可能です。

「自分は魅力的なアプトプットができない」「自分の考えをうまく伝えることができない」と嘆いている人に足りていないのは、日常的なインプットなのです。

とはいえ、先ほども言いましたが、本を読んでいなかったことを悔やんでもしかたがありません。

だからこそ本書では、思考を言語化し、魅力的にアウトプットするための方法を、私の今までの研究や、古典なども紐解きながらお伝えしたいと思います。

考えていることを言語化できなければ、考えていないも同じ。

頭の中で言語化した思考も、言葉にして伝えなければ、考えていないも同じ。

そんなもったいない生き方をせず、ご自分の能力を十分にみずみずしく開花させて、周囲に伝え、十分な評価を得ていく助けになればと思っています。

第2章

まずは、思考を整理して、可視化する

漠然とした考えは、言葉にならないし、伝えられない

自分の頭の中の考えが、しっかりと整理され、明確になっている人は、思考を言語化してうまく伝えることができます。

思考が明確になっていなければ、何を伝えればいいのかがわからないので、それは当然のことです。

たとえば、学生たちが卒論のテーマを選ぶ様子を見ていると、本人の頭の中が整理されているかどうかが一目瞭然《いちもくりょうぜん》です。

頭の中が整理されていない学生は、自分は何に興味があって、何を書きたいと思っているのか、その手がかりすら見えていません。

本人も、何を書いていいのやら全くわからず、とりとめもないキーワードだけが頭

の中をぐるぐる堂々巡りしている状態です。

これは、社会人でも同じことが言えます。

頭の中の考えを効果的に相手に伝えるためには、まず、**「自分の頭の中の考えを整理すること」**が大切です。

とはいえ、私たちは普段から、自分の頭の中を常に明確に言語化しているわけではありません。

外側から得た情報や刺激に対して、なんとなく「おもしろい」「うれしい」「不思議」「楽しい」「不安」「つまらない」……といった感覚的な反応を示している時間のほうが、圧倒的に長いのです。

しかし、漠然《ばくぜん》とした思考を日常的に続けているだけでは、頭の中の考えは明確になっていきません。

そのままでは、プレゼンや交渉の場などの、いざ自分の思考が問われるときに、頭の中の考えを的確に言語化することができないのです。

かといって、常日頃から、頭の中に浮かんでは消えていくさまざまな思考をすべて整理することなど不可能ですし、あまり意味があるとも思えません。

要は、浮かんでは消えるさまざまなぼんやりとした「考え」の中から、**「これこそ、自分が外側に向けて言いたいことだ」と思えるものだけを取り出す作業**が必要なのです。

そのためには、自分の頭の中を整理することが肝要です。

言葉にできないということは、思考が明確にできていないということなのです。

２つの軸に当てはめると、思考は整理される

思考の整理としておすすめなのが、２つの軸を立てて、それぞれの軸で自分の興味、または、考えていることを挙げていく方法です。

最初のうちは紙に書いたり、頭の中で思い浮かべるには時間がかかるかもしれませんが、この方法を繰り返して慣れると、瞬間的に自分の考えが整理できるようになります。

たとえば、論文のテーマを絞《しぼ》っていくのであれば、ひとつの軸で興味のある文献を挙げていくということをします。

『源氏物語』なのか、『論語』なのか、『聖書』なのか、『日本書紀』なのか……。

もしも思想の本であれば、特定の思想を解説したものか、あるいは思想の変遷《へんせん》をひ

も解いたものなのか、あるいは特定の時代における思想を分析したものなのか、といった具合です。

もう一方の軸では、たとえば、時代を挙げていきます。自分が興味を持っている時代は中世なのか、古代か、あるいは近世なのか近代なのか。

そうやって、異なる2つの視点で物事を整理してみることで、2つの軸が交差するところに挙げられたものが、**自分が「書きたいこと」「言いたいこと」に近い**のではないか、と見えてくるのです。つまり、思考が明確になっていくのです。

わかりやすく、論文のテーマ決定についてお話ししてきましたが、社会人のあなたも同じです。

営業パソーンなら、商品の内容の軸と、お客さんのメリットの軸といった2つの軸で考えを整理していけばいいのです。

この軸は、自分の直面している問題などによって、柔軟に設定してみてください。

2つの軸をもとにしながら、自分の思考の形を浮き彫りにしていきましょう。すると、自分の思考の方向性が見えてくるのです。

２つの軸を立てる習慣を持つことです。

このクセづけをするために、ますは日常でトレーニングをしてみてください。

たとえば、最近読んだ本を２つの軸でカテゴリー分けしながら書いてみる。行ってみたい国を挙げ、まとまった休暇が取れたらやりたいことを挙げて、２つの軸で旅行の計画を立ててみる。

歴史上の好きな人物と時代を挙げて、読む本を決めてみる。

トレーニングが大事なので、「こんなことをして意味があるのか」といったことを考える必要はありません。

こういった、日常生活の中でできることから始めてみることで、思考を整理する力は鍛えられていくのです。

思考の明確さとは〝キーワード〟に詳しくなること！

頭の中の考えを明確にするために、非常にいい方法があります。

それは、「何を伝えるのか」をよりしっかりと自分の中で把握することです。

やるべきことは、「自分の考えを2軸に当てはめて、伝えたいことを明確にする」→「それについての情報を集める」という流れを行なうことです。

「これを伝えたい！」と思ったら、それについて深く調べてみましょう。

たとえば、マーケティングを担当している人なら「ターゲット」でも「市場」であっても、なんでもいいのです。

先にご紹介した2つの軸で挙げられたことや物について調べてみてください。

とにかく、**自分が気になる「キーワード」に従って調べることで、思考も深まり、**

本当に伝えるべきことが明確になります。

抽象的で大きなことでもいいので、とにかく伝えたいことについて調べてみることが大切です。

とりあえず、間口を大きくして、伝えたいことに詳しくなりましょう。

そして、伝えたいことに関連する情報を、ネットや新聞や本などのさまざまなメディアから入手していってください。

とにかく、まずは伝えたいことをあぶり出し、関連する情報を集めるのです。

このようにしていくと、自分自身の頭の中が明確になっていきます。

この「工具書」が思考の整理を助けてくれる

思考を明確にするためには、「工具書」を持っておくことも大切です。私は、社会人になったら工具書を少しずつ用意していってほしいと考えています。

工具書とは、辞典、辞書、目録、地図などのことで、持っておくと調査や研究がスムーズに進みます。

情報を集めていると、知らない単語や事柄が出てきます。そもそも単語や事柄について調べないと、**文章でも話でも、内容を理解することができないので、工具書は大切**なのです。

ちょっとしたことならウィキペディアで事足りると言えなくもありませんが、仕事などの情報は信頼性のある工具書を使って内容を理解することが重要です。

わからないことがあれば、すぐに調べられる工具書を持つべきです。

たとえば、JapanKnowledge（ジャパンナレッジ）という便利なサイトがＷＥＢ上にあります。これは月額があまり高くないので、使って損はないでしょう。

吉川弘文館の『国史大辞典』、小学館の『日本国語大辞典』の他、『日本大百科全書（ニッポニカ）』、英語やラテン語、ドイツ語、フランス語、中国語、韓国語の辞典、会社四季報の他、平凡社の『東洋文庫』、小学館の『新編　日本古典文学全集』などの、いわゆる「工具書」がほとんど網羅《もうら》されていて、非常に便利です。

絶対にこれがいいという工具書はありません。職業などによっても必要な工具書は異なるでしょう。

自分なりに必要だと思った工具書を持っておけばいいのです。

情報の理解を強めるための道具がなくては、思考は明確になりません。

伝えるべきことは「異なる考えを持つ他者の視点」で取捨選択する

自分とは異なる背景を持ち、異なる考えを持つ他者の立場になる。自分ではない存在になる。

そうした体験はいつの時代にも、他者を理解し、また、自分が他者に理解されるために非常に重要なのですが、どこか時代は逆行しているように私は感じています。

今は、自分とは異なる存在が見えなくされがちなのです。

たとえば、可愛らしい少年と虎のお話で知られる『ちびくろサンボ』という絵本に対し、人種差別的だという批判が出て出版が取りやめになったという騒ぎがありました。こうした動きは、その象徴的エピソードだと考えられます。

実際に存在しているものを、見えなくしてしまう。見えなくすることで、考えることもしなくなる。こういう思考のパターンは、自分の境界線内だけに通じる言語しか操ろうとしない姿勢に通じている気がします。

異なる他者の立場になる、自分ではない何者かになれる体験は読書だけに限りません。お芝居や映画などとの出会いも大切です。

見たことも聞いたこともない、見知らぬ世界の人物として、そのひと時を生きる体験。これを通して、自分とは異なる文脈でものを考える人たちの存在についての想像力が育まれ、他者に対する感性が養われていきます。

自分の世界観を打ち壊してくれるような本や映画などの作品と出会う体験を、社会人としてひとつでも多く重ねていくことを強くおすすめしたいと思います。

そういう経験をたくさん積み重ねた人には、たくさんの語彙力とともに、**自分とは**

異なる他者に届く言葉を生み出す感性が豊かに育まれていきます。

この人は、非常に慎重で臆病《おくびょう》なタイプの人だから、まずはきちんとデータを見せて安心させてあげることが大切だな。

この人は好奇心旺盛《おうせい》、新しいものが大好きな人だから、斬新《ざんしん》なことをまず示してあげることで、興味を持ってもらえるだろう。

こういった具合に、感性が磨かれていれば、自分の頭の中をさまざまな相手に効果的に伝えるための戦略を、無数に展開していくことが可能になるのです。

自分の考えを、他者の視点で眺めて見ると、伝えるべき情報と伝えなくてもいい情報が明確になります。

他者の立場を想像しながら自分の頭の中を見ていくと、思考が整理されるのです。

〝思考のループの外側に飛び出す体験〟が俯瞰力を鍛える

自分が関心を持っていることを整理していくことは大切ですが、先にも述べた通り、いくら自分の思考から何かを取り出そうとしても、多くの人に圧倒的に足りていないのがインプットです。

インプットをせずに、頭の中身だけひねくり回しても、大した考えは生まれません。

インプットの際に大切なのは、**「自分の予定調和」を揺さぶられるような新しい何かとの出会い**です。

自分の日々の思考のループの外側に飛び出る体験をしていかなければ、普段の自分の思考を俯瞰《ふかん》してとらえることはできません。

そこで、とても大切になってくるのが、あなたに「教えてくれる人」が存在するか

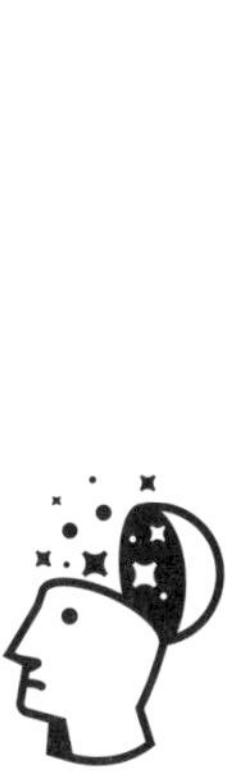

どうか、ということです。

これは何も、「先生」という肩書きを持つ人である必要はありません。あなたの交友関係の中に、今まで自分が知らなかった世界を教えてくれる人が存在しているかどうかということです。

たとえば、大変な読書家であるとか、おもしろい創作活動に打ち込んでいるとか、さまざまな知恵を持って豊かに暮らしているというような、これまでの自分の考えをゆさぶってくれるユニークな存在が、周囲にいるかどうかが大事なのです。

もしも、自分の日常を振り返って、自分と同じ趣味や似たような行動範囲の仲間と終始一緒にいるのならば、そこには新しい発見も新しい視点も生まれてきません。

その場の居心地はいいかもしれませんが、**知的探求を続けないのであれば、自分の頭の中を他人に伝えて、相手に刺激を与えられる人間になることは難しい**のです。

もしも、周囲にそのような知り合いが存在しないのならば、ぜひ、講演会などに積極的に出かけていくことをおすすめします。

それも、自分の関心のあるテーマだけに限定していてはいけません。

あなたが、住宅関係の仕事をしているとします。「古民家」に関する物件を売りたいからと、古民家再生のイベントばかりに出かけていては思考の広がりにも限界があります。

あえて、自分の関心の外側にあるテーマの講演会に足を運んでみてください。

たとえば、「地域通貨」をテーマにしたもの、あるいは、思い切って「宇宙開発」の講演会や、「落語」のイベントなどに足を運んでみるのもいいでしょう。

自分の知らなかった新しい世界が広がり、同時に自分の考えの未熟さが見えてくるものです。

まさに、自分の思考のループの外側に飛び出す体験です。

これこそが、「知の冒険」の醍醐味《だいごみ》だと言えます。知れば知るほど、自分の知らなさを知る。終わりのない冒険です。

思考のループを防止するために、このような方法は効果的なのです。

〝視点をズラす〟と思考の可視化はうまくいく

自分の頭の中にある考えを明確にできない理由に、自分の思考を常に同じ角度から眺めているということがあります。

視点が変われば、思考の見え方も変わってきます。**ある方向から見て説明できない事柄が、違う方向から見ることで簡単に説明できる**ということはよくあるのです。

新しい刺激を受け、視点を変えることは非常に大切です。

たとえば、私は思考のループに入り、煮詰まったときには、博物館に行きます。

常設展ではなく、企画展をチェックして、さまざまな博物館に足を運んでみるのです。

企画展は、関連したテーマを異なる視点で切り取ったり、さらに深めたり、他の分野とのコラボレーションを展開したりと、学芸員さんたちの工夫や努力の結晶と言えるものばかりです。

日本全国には、ユニークな博物館が実にたくさんあります。「昭和のくらし博物館」や各地の「郷土博物館」、変わったところでは「お札と切手の博物館」や「カブトガニ博物館」などというものまであります。

同じ博物館でも、足を運ぶ度に、内容の異なる企画展やイベントが行なわれているので、学ぶことは多いはずです。

視点を変えると、意外な切り口が見つかるということを体感でき、思いがけないところで自分の琴線《きんせん》に触れるテーマが見つかります。

思考のループから抜け出せず、手詰まりを感じたら、こういったことを試してみてください。

視点を変えて見ると、頭の中の考えが明確になるということはよくあるのです。

思考のレベルを上げる『ヨブ記』

先にも少しお話ししましたが、古典を読むことは思考の幅を広げ、深めることに役立ちます。

私は、『論語』や『韓非子《かんぴし》』などの「漢籍」を読んだことがあるかどうか、あるいは『聖書』を読んだことがあるかどうかは、人の思考に大きな違いを生むと考えています。

その人の生き方、**自分の存在と世界との関わり方の深さが、格段に違ってくるように感じている**からです。

古典には、「人がこの世で生きていく上で考えるほとんどすべてのこと」が言われつくされています。

その思索の深淵《しんえん》に触れたことがあるかどうか、あるいは、少なくとも触れようと格

闘したことがあるかどうかで、思考のレベルがずいぶんと違ってくるのです。

たとえば、『旧約聖書』の「ヨブ記」。

すべてを失い、この世のありとあらゆる苦しみを与えられ、苦しみの中、灰の上に座って祈り続けたヨブが、最後まで神を否定しなかった物語は有名です。

全くもって自らの存在と折り合いのつけられない不条理なこの世界で、いかに生きるべきか。聖書は私たちに問いかけます。

このような問いかけと出会ったことのある人とない人とでは、生きる姿勢も思考の深さも大きく異なってくるのです。

自らが思考の中にまとっている余分なものを捨てていく。

そこから、本当に大切な考えの核となるものを見出していく。このような作業をするときに、古典に耳を傾けることはとても有意義であると言えます。

より善く生きるべく葛藤《かっとう》を続けた先人たちの言葉が凝縮《ぎょうしゅく》されているからです。

次項から少し、思考と古典の関わりについて事例をもとにお話ししていきます。

「待ちぼうけ」からわかるゼロベース思考の大切さ

紹介したいのが、漢籍の中の『韓非子』です。

紀元前２２１年、秦の始皇帝が戦国時代を統一するまでの時代を先秦時代と呼びますが、この頃、さまざまな思想家が登場しました。

多くの人が聞いたことがある『孟子《もうし》』『荀子《じゅんし》』『老子』『荘子《そうし》』などが書かれたのは、この頃のことです。

そうしたものの中に、韓非という人が書いた『韓非子』というものがあります。

非常に冷徹な目で社会を見た『韓非子』は、現代でも私たちが戒《いまし》めとして知っておくべき教えが多く記されます。

その中に、「待ちぼうけ」という歌となって、今でも歌われるもとになった話が書かれています。

「兎《うさぎ》がコロリと木の根っこに転がった」……という内容の、素朴なフレーズが子どもたちにも人気の唱歌です。四字成語で、「守株待兎《しゅしゅたいと》」、あるいは二字熟語で「守株《しゅしゅ》」という言葉でご存じかもしれません。

ある日、農民の目の前で、兎が木の根っこにつまずいて転がります。そこで農民は「しめた」とばかり、兎を捕まえておいしく食べました。翌日から、農民は畑を耕すのをやめて、再び兎が根っこにつまずかないかとひたすら待ち続けます。けれども、兎は一匹もやって来ず、農民はひたすら「待ちぼうけ」するという物語です。

私たちは、つい、これまでの成功体験に引きずられがちです。**今までの自分の方法論の延長線で物事を考えてしまいがち**なのです。

でも、私たちの成功体験や、これまでの方法論は、実は、取るに足らない、ほんの一時の偶然や成り行きが生み出したような、小さなものです。

自分の少ない人生経験の中の、さらに少ない成功体験なので、それを後生大事にしたくなる気持ちはわからなくもありません。しかし、そこに固執すると、頭の中も凝り固まってしまい、状況を見誤りかねません。

そこで、韓非は兎の逸話を持ち出しながら、過去の成功体験の上に座り続けることの愚かさを説きます。いったんそこから離れなければ、次なる新しいテーマを見出すことは不可能なのです。

常に、自分のこれまでの方法論が通用する「小さな世界」に閉じこもってしまい、その狭いストライクゾーンに入ってくるものを待ち受けるだけになってしまいます。

過去の成功体験を捨ててはじめて、「兎の通り道を探し出して新たな罠をつくってみよう」「田んぼの拡張に取り組んでみようか」などといった、次なる挑戦に踏み出すことができるのです。過去の成功は常に捨て続けること。常にゼロに戻ること。そのことの大切さを韓非は説きます。

日々新たに自分自身をゼロにリセットすることで、頭の中は整理され、新しいことへ向かうエネルギーもわいてくるのです。

頭の中が〝ごちゃごちゃ〟したら湯王を思い出す

韓非の説いた兎の逸話と似ていますが、『尚書』の中の一説を紹介します。『尚書』は中国最古の歴史書とも言われる書物で、『書経《しょきょう》』とも言います。

この中に、夏《か》王朝の桀《けつ》王を倒して、殷《いん》王朝をつくった湯《とう》王という王様の「座右の銘」とも言える一節が出てきます。

湯王は、顔を洗うタライに、次のような言葉を鋳込《いこ》ませたのです。

「苟《まこと》に日に新《あらた》にせば、
日日に新に、
また日に新なり」

毎朝、タライで顔を洗うたびに、この言葉が目に入ります。

昨日までの自分を引きずらない。新しく生まれ変わる。

毎朝、冷たい水で顔を洗いながら、湯王は自らに言い聞かせていたのではないでしょうか。

柔軟性とリセットが大事

常に頭の中がごちゃごちゃしていて整理できないという人は、湯王のこの座右の銘を覚えておいてください。

日々を新たに、自分の頭の中も日々新たにリセットすることは、自分の考えを明確にしていく上で重要です。

というのも、自分に自信のない人ほど柔軟性に乏しくなり、自分の方法論に固執する傾向があるからです。

そうなると、思考も凝《こ》り固まって、考えをアウトプットするどころではなくなってしまいます。

アウトプットできたとしても、いつもいつも何かのひとつ覚えのように、似たような話を繰り返すことになってしまいます。


しなやかに柔らかに潔く、昨日の自分をゼロにする。

新しい朝を迎える度に、新たに。

ぜひ、心に刻んでいただきたい言葉です。

思考は柔軟であるべきです。凝り固まった考え方をしていては、自分の考えを他者に認めてもらうことができないのです。

〝１００％伝えようとしない〟ことも大切

言いたいことをすべて伝えようと思わない。これも、思考を整理する際に私が心がけていることです。

先に、「中庸」という言葉を紹介しました。

「相手の立場になるけれど、同化しすぎない。ほどほどの距離を意識することで、真ん中を貫く自然体の状態を保つことができる」と書きました。

そのことに通じますが、**何がなんでも自分の考えを１００％理解してもらおうと思っても、それは土台無理な話**です。自分の考えをすべて、相手に必要ないことまで伝えてしまう人は、思考が整理されていない人です。

ほとんどの関係において、あなたが自分を理解してほしいと思うほどに、相手はあなたのことを理解したいとは思っていません。

もちろん、向こうがあなたのことに大変関心を持って、とても好意を抱いているような場合は違うかもしれません。

しかし、少なくとも、ビジネスの場や社会的なつき合いの場においては、ほとんどの場合、相手を完全に理解しようなどと思ってはいません。

それは、よほどのプライベートな関係を除き、お互いがお互いにとって、それほど重要な存在ではないからです。

実際、私がいようがいまいが、世の中はほとんど変わらず動いていきます。これは、誤解を恐れず言わせていただければ、あなたも同じです。

太古の昔より、無数の泡のようにたくさんの人が生まれて消えてを繰り返して、人類はその営みを続けてきたのですから、当たり前です。

ですから、自分の言いたいことは、相手に7割でも伝わればありがたいと思ってください。

人生は7割で十分です。十分すぎるほどです。打率も3割を超えれば名バッターなのです。本来は5割くらいで大満足していいのです。

自分の言いたいことが少しでも真意として伝わったら、とてもありがたいことなのです。

実際、どんなに自分のことを100%理解してもらおうと思っても、人はインプットしたものを、完全にアウトプットできるわけではありません。

どんなに勉強熱心で、さまざまな知識を貪欲《どんよく》に取り込んだとしても、アウトプットできるのは、せいぜいインプットしたものの5、6割程度でしょう。

「いいえ、そんなことありません！　私は知識として取り入れたものはすべて、完全に出し切って伝えていますよ」というような人は要注意です。

器の小さい人ほど、すべてを伝えたがる

孔子の死後に活躍した儒学者のひとりである荀子は、彼の思索をまとめた『荀子』の勧学篇の中で、底の浅い人の受け売りについて「口《こう》耳《じ》之《の》学《がく》」として、このように手

厳しく批判しています。

「小人《しょうじん》の学は、耳より入りて、口より出ず。

口耳の間は、則《すなわ》ち四寸なれば、

曷《いずく》んぞ以って七尺《しちせき》の軀《く》を美とするに足らんや」

つまり、器の小さな人は、耳から学んだことをすぐに口から出してしまう。

自分の中になんの溜《た》めもない、ということです。まるでミルク飲み人形のように、飲んだらすぐに垂れ流し。これでは体の栄養にはなりません。

学んだことは、内側にしっかりと溜めていくようにしましょう。受け売りの耳学問を、得意げにペラペラと話すようでは、自分の底の浅さが露呈《ろてい》してしまいます。

しっかりと自分の内側に溜め、さらに学びを続けることで、前に学んだことに新たな視点や深みが加わっていくことでしょう。

自分の考えを完全に伝えようなどおこがましいことです。7割も伝えれば十分だという意識で、アウトプットしていくようにしましょう。

逆に、知らないことを知ったかぶりして、3割増しに風呂敷を広げて話してしまう人も少なくありません。5の自分を、なんとか8ぐらいに見せかけられないか、と四苦八苦していてはいけません。

それくらい、今の社会は、自己表現をしなければ、評価されなければ、というプレッシャーが強いのだとは思いますが、**スカスカな内容を大量にアウトプットしても、誰の心にも響きません**。

かえって言葉がどんどん浅く、軽くなり、誰にも耳を傾けてもらえなくなるでしょう。溜めて溜めて、凝縮したものをわずかばかり表現する。それくらいがちょうどいいのです。考えたことの3割は捨ててみてください。思考がすっきりすることに気づけるはずです。

さて、この章では、自分の頭の中を整理するにあたって気をつけるべきポイントについてお話ししました。

次の章では、整理された頭の中を言語化するために、思考を深めていく具体的な方法論について考えてみましょう。

第3章

思考を深めて言語化する

思考の言語化は、〝40文字のクセづけ〟で一気にうまくなる！

頭の中を整理し、明確にしたとしても、それらの考えを言語化できなければ、アウトプットして、他者に伝えることはできません。

そのためには、考えている内容を文章にまとめることを日常的に習慣づけるとよいでしょう。

私たちは、日々、いろいろなことを考えます。さまざまな情報や刺激に出会って、さらにいろいろな思いを重ねて生きています。

ところが、**せっかく考えた内容も、ただ頭の中に浮かぶに任せていては、時間とともに忘れ去っていくだけ**です。思考がただ流れ去っていくだけで、積み重なりません。

これは、本の読み方にも通じます。

ただ漠然と目だけで読み流していると、大切なポイントを読み飛ばしてしまったり、あるいは、前半に読んだ内容が自分の中に定着しません。

結局、全体を読み終えたときに、書かれた内容がひとつの物語のようにサラサラと流れていっただけで、そこから自分が何を読み解き、自分の中に何が溜められていったのか、よくわからなくなってしまうのです。

そんな読書方法では、いくらインプットを続けても、まさしくミルク飲み人形のようなもので、自分の知的栄養にはなりません。

私は、思考の言語化のために、常にノートを持ち歩くようにしています。思ったことを、すぐに言葉にする。文章にして書きつけておくのです。

文章にまとめてみることで考えも整理されますし、思考を言語化する訓練にもなります。

このとき、ダラダラと長い文章を書くよりも、**原稿用紙２行分、つまり40文字程度の短さを意識して書くとよい**でしょう。

「5W1Hを意識」したり「本の内容を要約してみる」のも手

文章は5W1Hを意識して、「いつ」「どこで」「何（誰）が」「何を」「どのように」と簡潔にまとめてみましょう。

たしかに、すべてこの型に当てはめることはできないかもしれませんが、意識してみることが、思考を言語化する訓練になります。

初めのうちは、自分のこの思考は「おもしろいか、つまらないか」「人に伝えたいことか、伝えるまでもないことか」などと考える必要はありません。

「私は、昨日聞いた○○という情報こそ、△△企画に入れ込むべき要素だと感じた」「○○という本に書かれた××というキーワードを、来週のミーティングでみんなに伝えたい」「○○さんの言い方は、常にネガティブになるので、言い回しにこのような工夫をしたらよい」「昨日観た映画で人が生きて老いていくことの意味を感じた。日々の暮らしをもっと丁寧にしたい」

といった具合に、とにかく書いてみるのです。

あまり書くことを思いつかなかったり、慣れないうちは、読んだ本で心に残った文章などを書きとめてみるだけでもいいでしょう。

頭を使って、手を使って、とにかく文章を構築していく訓練をするのです。

できれば、本の文章は丸写しするのではなく、各章で言わんとしていることを要約してみるほうがいい訓練になります。難しいことを難しい言葉のままに受け売りするのは、さほど難しいことではありません。それよりも、難しく書かれたことを自分の中で咀嚼《そしゃく》して、平易な言葉で書き換えることのほうが難しいのです。

これは、本当に理解していなければ、できないことだからです。

本に書かれた文章を自分の内側に取り込み、自分の栄養にしてからでなければ、平易な文章で要約することはできません。そのため、本の要約は考えをまとめるよい訓練になります。

いずれにしても、まずは考えていることや読んだ本についてなど、短い文章にまとめる訓練を日常的に続けてみましょう。

「言葉を少し寝かせる」ことで思考の穴を補修する

頭の中を洗いざらい書き出した後は、並んだ文章を眺めてみましょう。

今日1日でどれくらいの文章が頭の中から生まれてきたでしょうか。前日と似たようなものも少なくないのではないでしょうか。

繰り返し考えているということは、今の自分にとって非常に重要なことだと言えます。アウトプットせずにはいられない、と感じていることの可能性が高いのです。

ただし、同じような文章が繰り返し出てくる場合は、単なる思考の堂々巡りになっている可能性もあります。

常に考えてはいるけれど、散漫《さんまん》な言葉の羅列《られつ》になってしまっていて、自らがその結論を導き出せずにいるような場合がそうです。

結論がない話は、相手に話したところで、単なる相談事か、世間話の域を出ません。前向きなアドバイスが得られそうな相手に意見を聞かせてもらう、ということであれば意味があるかもしれませんが、単なる堂々巡りに相手をつき合わせてしまうという可能性もあります。

あるいは、取るに足りない漠然とした考えが、抽象的な言葉で書き連ねられているものもあるかもしれません。

文章を書いたときには何か意味深いような感じがしたけれど、時間を置いて眺めてみると、なんだか独りよがりで、しかも何が言いたいのかはっきり見えてこないようなものも混じっているでしょう。

思考を言語化する訓練をしているときには、つくった文章を、少しの時間寝かせてみることが大切です。

少し時間を置いてから見直してみることで、**その言葉を書いていた自分自身の思考を客観視できるから**です。

あるいは、そこに、そのときの自分には見出すことのできなかった思考の欠陥や、気づかなかった視点を見出せることもあります。

また、結論のない文章ではダメだからと、結論を急いでひねり出そうとしないことです。

結論を急ぐということは、自分が「こうしたい」と思う方向へと力技で話を展開していくことになり、そうした論理は得てして理屈ばかりで納得感が乏しくなりがちです。

結論ありきで話を進めようとすると、反論を聞く耳も持てなくなります。後述しますが、自分の考えを深めるためには、反論にこそ耳を傾けるべきなのです。

"4割捨てて内なる言葉をつくる"が言語化の秘訣

さて、時間を置いて冷静な目で文章を眺めることができたら、次は削っていく作業です。

10の文章を書いていたら４つくらいは削ぎ落としていきましょう。または、ひとつの文章が長かった場合は、40％ほどに文字数を削ってみてください。

とにかく、**自分が言いたいと思ったものから、４割を削ぎ落としていく**のです。先に、自分の思いの７割でも伝わればありがたいことだと書きました。５割でも大成功です。

書いてみた中で、どう考えても伝えるだけムダだと思われるような情報や、自分の中で咀嚼しきれず言葉が浮いているようなものを、どんどん削っていきましょう。

慌てず、そして、もったいないと思わないことです。

『徒然草』一五五段に、物事には時機がある、という吉田兼好の示唆《しさ》に富んだ文章があります。

「世に従はむ人は、先づ機嫌を知るべし。ついであしきことは、人の耳にもさかひ、心にもたがひて、そのことならず。（中略）

但し、病をうけ、子うみ、死ぬることのみ、機嫌をはからず、ついであしとて、やむことなし。生住異滅の移りかはる、実《まこと》の大事は、たけき河のみなぎり流るるが如《ごと》し。しばしもとどこほらず、直ちにおこなひ行くものなり。

されば真俗につけて、必ずはたし遂げむと思はむことは、機嫌をいふべからず。とかくのもよひなく、足をふみとどむまじきなり。

春くれてのち夏になり、夏はてて秋の来るにはあらず。春はやがて夏の気をもよほし、夏より既に秋は通ひ、秋は則《すなわ》ち寒くなり、十月は小春の天気、草も青くなり、梅もつぼみぬ。木の葉の落つるも、先《ま》づ落ちて芽ぐむにはあらず、下より萌《きざ》しつはる堪《た》へずして落つるなり。むかふる気、下にまうけたる故に、待ちとるついでに甚だはやし。生老病死の移り来ること、またこれに過ぎたり。四季はなほ定まれるついであり。死期はついでを待たず。死は前よりしも来らず。かねてうしろに迫れり。人皆死あることを知りて、待つことしかも急ならざるに、覚えずして来る。沖のひかた遥《はる》かなれども、磯《いそ》より潮の満つるが如し」

物事には、それにかなった時機がある、と兼好は説きます。

だからこそ、**物を言うときは時機を心得なくてはいけない**のです。時機を待つ、内側に溜めておく余裕が必要です。これこそが、まさに「中庸」でもあります。

「今こそ言うぞ！」「今しかない！」と力みすぎることなく、物事の真ん中を貫くほどよい力の込め具合が大事であり、その塩梅が重要なのです。

中庸でいればこそ、頭の中の考えをまとめあげた文章の中から、時機ではないと思うものは潔く次々と削ぎ落としていけるのです。

一方で、〝外に向かう言葉〟を用意しておくこと！

しかし、一方で兼好は言います。

「実《まこと》の大事は、たけき河のみなぎり流るるが如し」

本当に大きなことは、激しく流れる河のように押し寄せてくる。時機を待ってはくれない。明日にも、自分の背後に死が迫ってくるかもしれない。病に倒れるかもしれない。それは誰にもわからない。

だからこそ、「必ずはたし遂げむと思はむことは、機嫌をいふべからず」と言っています。

つまり、必ず成し遂げたいと思うことは、時機を見極めていてはいけない、というのです。先ほどとは逆のことを言っているようですが、これもまた真実なのです。

時間は、まさに猛《たけ》き河のようにおしとどめようもなく流れていきます。春爛漫《はるらんまん》の暖かな空気の中に、すでに夏の気配が混じり込んでいるように、あるいは、夏の暑い日差しの中に、秋の空気が忍び込んでいるように、次から次へと季節は移りゆきます。

春がひと段落しました。さて、夏の始まりです。というわけにはいかないのです。秋の落ち葉は枝から自然と落ちてゆくわけではありません。**枝の中に次の春を待つ芽吹きの力が蓄えられていて、それらの流れに押し出されるようにして、枝を離れて土の上に横たわる**のです。

美しい描写です。ただし、美しいけれども、決して今を今にとどめておくことのできない物哀《ものがな》しさもあります。それがとどめようのない時間の流れに生きている私たち生きものの運命です。

そして、四季はそういっても順序だてて巡ってくるものですが、病や死は順序などおかまいなしに、突如として背後に迫ってきます。

だからこそ、言語化のストックが大事

幼い頃、広々とした干潟で無邪気に遊びほうけていた夏の午後。

空に広がる入道雲の上から太陽が照りつけ、どこまでも浅瀬が広がり、足元には小さなカニやヤドカリなど海の生き物たちの姿。

無限に続くようにさえ思えた平和で穏やかな時間は、しかし、ふと顔を上げると、いつの間にか潮が満ちて浅瀬は消え、太陽は雲の向こうに沈み、空も海も夕暮れ色に染まっています。

人生とは、そんなものなのです。すっかり波の下に沈んだ浅瀬を振り返ると、死が背後に迫っている。思いもよらない人生の終焉《しゅうえん》が、潮が満ちてくるようにいきなり訪れてくるのです。

だから、休んでいてはいけません。本当に成し遂げたいことのためには、常に、い

くつもの種を内側に抱え、育て続けておくことです。

これは、「時機を待たずにあれこれ言い続けなさい」ということではありません。**常にいつでも出せる用意をしておく**、ということです。

自分の中に、常にいくつも種を持っておくこと。たくさん種を抱えておけば、ある種は時機でなくても、別の種ならば、今発芽できるかもしれません。あるいは、常に備えておけば、そのときがきても慌てずにすむのです。

そのためにも、今が時機ではなさそうだからと、立ち止まらず、言語化したもののストックを自分の中に持っておくべきなのです。

「時間がない」ではなく「時間をつくる」工夫をしよう

日々、とどまることなく、いくつもの思考の種を内側に抱え続ける。いくつもの言葉を育み続ける。

そのためには、頭の中の考えを思いつきで数日間まとめてみて、なんとなく今考えていることを整理しておしまい、ということでは意味がありません。

日々、それを継続していくことです。毎日、自分の考えを言語化してまとめていく。

そして、日々のインプットも怠《おこた》らないことです。

先に述べた通り、日常的に本を読む。映画や芝居を観る。博物館や講演会に出かけて行く。音楽や絵画、落語などのさまざまな表現に触れる。

これらを繰り返すことで、思考を言語化する基礎ができ上がります。

私は、お風呂に入るときには、『徒然草』などの古典の文庫本を持って入ります。文庫本は、私にとっては消耗品です。本棚にきれいに並べておくのではなく、多少濡らしても、汚しても構わない物です。

とにかく、生活のあらゆるシーンで手軽に手にとって読める物。もちろん、気になるところにはバンバン線を引いたり言葉を記入したりします。

あるいは、トイレやお茶の間など、生活空間のあちこちにキンドル端末を置いて、音読読み上げアプリを使って、さまざまな書物の音読を聴くようにしています。これならば、手も目も使わずにすみます。

先日、世論調査で衝撃的な結果が出ました。

「雑誌と漫画を除いた本を1カ月に何冊読むのか」という調査で、なんと「0冊」と回答した人が33％に達したというのです。3人にひとりの人が、月に1冊も本を読んでいない事実があるのです。

「本を読まなくなった原因は何か」という問いに、「スマートフォンやゲームなどに費やす時間が増えた」とする回答が73％にのぼったそうです。

たしかに、少し前までは通勤の車内で文庫本を手にしている人がちらほらいましたが、今やほとんどの人の手に握られているのは、本ではなくスマホです。

スマホに読書の時間を奪われている、と世論調査も結論を導いたようですし、本を読まない人たちの中には「時間がなくて」という声も少なくありません。

しかし、私は思います。本を読む「時間がない」ということはありません。本を読む時間を「つくらない」だけです。

お風呂の中でも本は読めます。どれだけ集中できるかどうかは別として、音声読み上げアプリを使えば、料理中だって読書は可能です。

要は、本を読みたいと思うか否かです。外側の声に耳を傾けようとするかどうかです。その気になれば、これだけテクノロジーが発達した現代、自分の生活スタイルに即した読書環境はいくらでも整えられるからです。

外側からの情報を取り入れ続けなければ、いくら自分の内側に種を溜め込もうとしても、それは独りよがりなものになり、深みは増していかないのです。

まして、人にそれを伝えて評価が得られるようなものにはなっていきません。

「一流は血肉となった言葉」「二流は受け売り言葉」を使う

荀子の「小人の学」にも通底するものですが、吉田兼好も『徒然草』第五六段で、非常に示唆に富むことを書いています。

「久しく隔《へだ》たりて逢《あ》ひたる人の、我が方にありつること、かずかずに残りなく語りつづくるこそあいなけれ。（中略）つぎざまの人は、あからさまに立ち出でても、けふありつることとて、息もつぎあへず語り興ずるぞかし」

「久しぶりに会った人が、自分のことをひっきりなしに、話しつくしてしまおうという勢いでしゃべり続けるのは、なんと面白くもないことだろう」と、自分の内側に溜めのない人の浅い会話について、舌鋒《ぜっぽう》鋭く批評している名文です。

後半の「つぎざまの人」とは、二流の人という意味ですが、つまり**「今日経験した**

ことなどについても、息もつけないほどの勢いで調子に乗ってしゃべりまくるのは、品のない二流の人のすることだ」と兼好法師は厳しく断じているのです。

最近読んだ本や、会った人について、あるいは、世間を賑《にぎ》わせている政治や経済などのテーマについても、自分が目にしたコメンテーターの意見や新聞の論評などを得意げになって披露する人がいます。

その人の内面の溜めの中から出てきた言葉かどうかは、その言い回しがその人の血肉となった言葉かどうかではっきりとわかってしまうものです。単なる受け売り、まるで耳から口に直通したような言葉であれば、言わないほうがましでしょう。

自分が心の底から伝えたいことは、そう軽々しく誰にでもペラペラと話せるものではありません。

ここぞというとき、この人ならば、という相手に向かって、ひとつ2つと大切に言葉をつむぎ出していくものなのです。

そうしたプロセスを経てこそ、人に届く言葉が磨かれていくと知ってください。

知っていることについてこそ、言葉は控えめに

もうひとつ、控えめなアウトプットという視点において、『徒然草』の中から、ご紹介したい名文があります。第七九段です。

「何事も入り立たぬさましたるぞよき。よき人は、知りたることとて、さのみ知り顔にやはいふ。

片田舎よりさし出でたる人こそ、万《よろず》の道に心得たるよしのさしいらへはすれ。されば世にはづかしきかたもあれど、みづからもいみじと思へるけしき、かたくなり。

よくわきまへたる道には、必ず口おもく、問はぬ限りはいはぬこそいみじけれ」

「何事にも不案内というような様子をしているほうがいい。教養の高い人なら、たとえどんなことがあったとしても、果たして知ったかぶって話すかどうか。

片田舎からやってきた人などは、どんな道にも通達しているような返答をするものだ。

だから、こちらが負かされるほどに偉く見える点もあるが、田舎者は自分が偉いと思い込んでいるところがかえって卑しく見える。

本当に知り尽くしている道に対しては、必ず言葉を慎重にして、何かを聞かれない限り、こちらからは何も言わないほうがいい」ということです。

ここで吉田兼好は、自分がよく知っていることほど、言葉を慎んで、話すのを控えめにしたほうがよい、と述べています。

本当に教養のある人は、自分が知っているからといって、得意げにペラペラしゃべったりはしないものです。

相手から尋ねられない限り、基本は黙っておく。よく知っていることでも知らないふりをする、くらいの態度が好ましいのです。

「そんな控えめにしていては、今の時代には通用しない……」と思われるかもしれません。

しかし、知らないことでも、知ったかぶりしてしまいがちな会話があふれる昨今、膨大《ぼうだい》な知識の中から「氷山の一角」だけをアウトプットすれば、その一言はどれだけ威力を発揮することでしょう。

今も昔も、時代は変わっても、人と人との関わり、人と人が交わす言葉のやりとりはそう変化してはいません。

知らないことまでペラペラと話して、周囲が自分を感心しているにちがいないとご満悦の顔を浮かべているのは「かたくななり」、つまり「見苦しく劣ってみえる」ものなのです。人間力のある人に見抜かれるのがオチです。

反論されても腹が立たない人に〝言語化の精度〟を高めてもらおう！

さて、十分に考えの種を蓄えていき、さらに深めて、思考を言語化していくために大切なことは、「反論を得る」ということです。

自分の内側だけに抱え込んでいては、頭でっかちになっていきます。あるいは、都合の悪い部分は曖昧《あいまい》にしてごまかしてしまいます。

それも、意識的にごまかすのならばまだしも、人は無意識のうちに、考えを深めきれていない部分や矛盾している点、弱みなどは曖昧にしたままふたをする傾向があります。

「新しい企画を立ち上げたい」

「今、継続しているプロジェクトの方向を転換したい」
「新しい人材を投入したい」

それぞれに、自分が持っていきたい方向、導きたい結論があるでしょう。

そのため、**その結論を阻害《そがい》するような要因については、つい目を閉じたくなるのが人の弱さでもあり、自然な反応でしょう。**

ですが、そこに目を閉じたままで、人を動かし納得させられるようなアウトプットは不可能です。

書き出したものを寝かせ、時間を置いて冷静になってから再度読み直してみることの大切さを述べましたが、それと同時に、**きちんとした反論をしてくれる人の言葉ほど、自分の考えの曖昧さを明確にしてくれることはありません。**

自分の考えに耳を傾けた上で忌憚《きたん》のない意見を言ってくれる人というのは、大変にありがたい存在です。

それは、職場の同じチームの人だったり、以前の職場の先輩だったり、学生時代の仲間だったりします。あるいは、同業他社の知り合いかもしれません。

こういった人は、事情もよく理解してくれた上で、あなたの考えの甘さや粗《あら》さを見抜いてくれるでしょう。

反論に耳を傾けるためにも、結論を急いではいけません。あくまでも中庸に、という『論語』の教えがここでも生きてきます。

「経験のない人にわかるように」は言語化のいい訓練

また、「下問《かもん》する」ことも大切です。「下問」とは、自分よりも年齢や立場が下の人に物事を尋ねるという『論語』の中に使われる言葉です。

『論語』の中に、次の一説があります。

「子貢《しこう》問ひて曰《いは》く、孔文子《こうぶんし》は何を以てか之《これ》を文《ぶん》と謂《い》ふかと。子曰く、敏《びん》にして学を好み、下問を恥ぢず。是を以て之を文と謂ふなり」

「文」という立派な「おくりな」（死後につけられる名前）をもらった孔文子という人物について、「なぜ、彼はあのような立派な名前をもらうことができたのでしょうか」

と弟子の子貢が孔子に尋ねたところ、孔子はこう答えました。

「彼は、とても頭脳明晰《めいせき》な上、学ぶことに熱心で、さらに自分よりも目下の人に教えを請うことを恥ずかしいとは思わなかったからだよ」

人は、ある一定の経験を積んでくると、「知らないので教えてください」と言いづらくなってきます。そんなことも知らないのか、と思われたくなくて、つい知ったかぶりをしてしまうのです。

しかし、それでは思考を深め、言語化するどころの話ではありません。

また、上司に間違いを指摘されるならば素直に聞くことができても、自分より年の若い経験も少ない後輩に「その企画、ターゲットが違うんじゃないですかね」などと指摘されると、ムッとして聞く耳を持つどころか「論破されるものか」というような防御スイッチが入ってしまう人もいます。

これは、「反論を得る貴重な場」を、みすみす自らの手で潰しているようなものです。


難しいことを難しい言葉で説明するよりも、平易な言葉でわかりやすく伝えることのほうが難しいと先述しました。それであればなおのこと、「下問」はとても大切なことなのです。

自分よりも、経験も実績も乏しい若い人にも理解できる言葉かどうか。

そういった人の心にも響く内容なのかどうか、を確認することができます。

何より、「下問」できる人は、考えが柔軟で、頑《かたく》なではありません。柔軟に意見に耳を傾けてはインプットしていけるので、ますます内側に溜めていくものが豊かになっていきます。

下問して「自分の無知を知ること」がスタート

なぜ柔軟でいられるのか。それは、「自分は無知である」ということをきちんとわきまえているからです。

「無知」は、あまりよいことではありません。

あまりに無知のままでは、物事を吸収できませんし、考えを言語化しようにも言語が見つかりません。

しかし、自分が無知であることさえ自覚できていない人は、なおさら問題です。人は、自分が無知である、という地平に立つことからしかスタートできないのです。

この世の中は、なんという未知なる物事で満ちていることか――。

人間の考えの及ぶ範囲など、宇宙の摂理のごく一部に過ぎないし、まだまだ出会ったことのない書物、見たこともないような表現が世界にはあふれている。自分が知ったつもりになっていることなど、その氷山のほんの一角に過ぎない。

その地平に立つことができれば、「下問」など、なんということもないでしょう。

「それ、ちょっと違いませんかね」と言われたら、「どのあたりに違和感を感じますか?」と素直に尋ねてみましょう。

そうすることで、指摘された部分を修正していくことができます。思いがけない視点が見つかることでしょう。

下問することで、より言語化のスキルは伸びていくのです。

思考の言語化がうまい人とは、「稟」が大きい人

反論を得て、曖昧なところや矛盾点を指摘され、それで心が折れていてはせっかく反論を得た意味がありません。あなたは、反論を乗り越えていかなくてはならないのです。

先に述べた、旧約聖書の『ヨブ記』からも、「神は私たちが乗り越えられない試練は与えない」というメッセージを読み解くことができます。

その思考があなたにとって不可欠のものであれば、乗り越えられない反論はないはずです。

逆に、反論によってあえなく心が折れるのであれば、その思考はあなたにとってそれほど切実ではなかった、ということになるので、捨ててしまっていいのです。

反論を乗り越えることで、思考はさらに磨かれます。言葉もさらに深みを増していきます。

つまり、反論は思考を改善していく、大きなチャンスを与えてくれているのです。

では、いかにして反論を乗り越えていくか。

それには、常日頃から関連する情報を積極的に収集することです。そうした情報が自然と集まってくるようにするためには、

「私は、この企画を実施していきたい」
「この商品を売っていきたい」
「この作品の良さをアピールしたい」

といった**自分のメッセージを常に意識し、さらには、外側に発信し続けること**です。

自分の中で溜めをつくっておくことと一見矛盾するようですが、そうではありません。溜めに溜めた上で、一度出したものについては躊躇《ちゅうちょ》せずに常に発信し続けるべき

だと私は思います。

そうすることで、反論を乗り越えていくためのいろいろな情報が自然と集まってくるからです。

世の中はアイデアの宝庫、たくさんの情報であふれています。それらをいかに受け止めていくかは自分次第です。

「稟」を大きくする人は言葉の精度が高い

そのためには、常に「アンテナを張る」ことです。

漫然と生きるのではなく、自分が口に出して言った言葉に責任を持ち、それにまつわるもろもろを受け止めるためのアンテナを常に張り続けることです。

そのアンテナを私は、中国古典の中で言われる一人ひとりが持っている「稟《ひん》」と呼ばれるもののことだと考えています。

「稟」とは、天から降ってくる情報を受け止めるための、心の中にある器のことを意味しています。

古代中国の考えが必ずしもすべて正しいというわけではありませんが、彼らは次のように考えていました。

天は、いつも私たちにさまざまな教えを流し続けており、それを受け取るも受け取らないも私たち次第なのだと。

天から流される情報を受け止めるのが「稟」という心の器であり、「稟」が小さければ当然ながら受け止められる情報も少なく、「稟」が大きくなればなるほど、受け止められる情報は大きくなります。

先人たちは、学問とは、この「稟」を大きくするためにするものだ、と考えていました。学ぶことによって、**天が発信している大切な情報を、できるだけたくさん受け止められる器を持とう、と考えた**のです。

天が発している情報といっても、本当に神様と交信しよう、などと言いたいのではありません。

そうではなく、この世の中に満ちあふれている玉石混淆《ぎょくせきこんこう》の情報の中から、「本当に自分にとって大切なものを受け止められるようなアンテナの張り方をしましょう」ということです。

「稟」を大きく広げて生きる。

目と耳と心を常に外側に向けて開く。そのようにして、言語化した自分の思考をさらに吟味《ぎんみ》し、深いものへと進化させていきましょう。

第4章
表現の幅を広げる「語彙力」のつけ方

語彙力がないと無味乾燥な言葉の羅列になってしまう

頭の中を整理して明確にし、文章にして、羅列《られつ》して、考えを深めて削ぎ落とすというトレーニングをしようとお話ししてきました。ここでちょっと一息つきましょう。

何かを人に伝えるときの基礎の基礎が、語彙力です。語彙を増やし、語彙の質を高めることで、あなたは思考をうまく外に表現することができるのです。

語彙力があれば、何も発信できないということはなくなります。

あなたは何かを相手に伝えるときに、同じような言葉がダラダラと並んでいませんか。

人に伝えたい思いが、きちんと言葉になっているでしょうか。

そのための適切な言葉を使っているでしょうか。

「都議選があった。予想していたよりも投票率が高くて驚いた。割とみんな関心があるんだなと思った」

「新しい取引先との打ち合わせまでに準備する資料が、予想していたより大量になってしまって驚いた」

「先月から来ている契約社員の新人は、体は大きいのにわりと体調を崩しやすい。予想していたよりも体力がなさそうだ」


内容はおおよそわかりますが、どうにも奥ゆきに欠けますし、あまり知性を感じる言い回しではありません。

そもそも、予想していたよりも投票率が高かったことや、用意すべき資料が多かったこと、新しい契約社員が見た目よりもずいぶん体力がないといったことは、あくまでも主観的な事実にすぎません。

また、その人自身が何を伝えたいのかが伝わってきません。

「投票率は高かったけれど、世代別に見ると○○という違いが見えてきて興味深かった」
「用意すべき資料が多いので、もっとデータベース化して、次回からはシステマチックにすべきだ」
「体力は個人差もあるけれど、食生活によって免疫力はかなり高められるのではないか」

など、その人自身の思考をきちんと言語化しなければ、相手にとって魅力的な話にはなり得ません。

「イラっとする」では、二の句が継げられなくなる

ところが、近年、多くの社会人が、自分なりの思考を言語化しようとしなくなってしまいました。その手前の単なる事実の羅列で、尻すぼみになってしまう会話をする人が増えているように感じます。

「あの授業のテキストって、読んでるとかなり眠くなる」
「会社の上司と、どうも会話が通じなくてチグハグな感じになる」

「今年の夏はかなり暑くなるらしい」

「ＬＣＣ便を利用すれば、海外にもかなり安く行けるみたい」

「最近、実家で飼っている猫がずいぶん弱ってしまって」

こういった語彙力のない話し方では、そこで話が終わってしまうのです。

こういう相手には、「だから何なのですか」といった質問をして、話の続きをうながさなければ、リアクションをしようにもできません。

とはいえ、「それで？」とうながした先に出てきた言葉が、

「だから、イラっとする」

「やばそう」

「行きたい！」

「心配すぎる」


などという言葉だと、まさに二の句が継げなくなります。

これは、単純に語彙力が乏しいからです。

なんでもかんでも「やばい」で事足りてしまう言語文化というものもあり、その場合は、おいしくても「やばい」、楽しくても「やばい」、不愉快でも「やばい」……これですべての意味が通じるのです。

仲間内でダラダラと時間潰しをしているときの会話ならば、それでいいかもしれませんが、大人同士の会話で、そんな甘えた話し方をしていては、相手にもしてもらえないでしょう。

また、知性も教養も低く見積もられるので、仕事相手を不安にしてしまいます。

異なる世代、異なる背景を持つ人にもきちんと伝わる言葉づかいをするためには、常日頃から語彙を豊富にしておかなければなりません。

この章では、語彙力を磨くために、すぐに始められるさまざまなトレーニングをご紹介しましょう。

あえて「手紙を書くこと」の大きなメリット

最近、紙とペンを使って手紙を書きましたか。

パケット通信無制限であれば1円もかからないライン、スカイプなどのインターネットツールが全盛の時代です。

もっぱらスマートフォンのテンキー入力ばかりで、キーボードで文字を打つことすら久しくしていない、という人も少なくないのではないでしょうか。

私が、語彙力を増やすために、まずご紹介したいのが、**〝あえて〟手書きの手紙を書く**ことです。

肉筆の手紙というのは、単なるメールの電子文字とは存在感が比べ物になりません。受け取った相手の印象にも強く残るものになるでしょう。

手紙を書くことをすすめる最大の理由があります。それが、**言葉についてよく考えるという作業をすることで、語彙力が磨かれる**からです。

どういった言葉を使えばいいのかと調べることで、言葉自体がまず身につきます。

さらに、手書きの手紙は、言葉を手で書いていくという作業をするので、言葉の定着にも役立つのです。

メールやＳＮＳツールの言葉は、ほとんど垂れ流し状態です。右から左へと流れ去っていき、その瞬間だけ何かを伝えて、後は記憶の片隅にも残らないような内容ばかりです。

その上、ありがたいというよりは迷惑というべきかと感じますが、予測変換などをしてくれるので、常に似たような言語しか使わなくなってしまいます。

これでは、語彙力はなかなか磨かれません。

まずは、肉筆で手紙を書く習慣をつけることをおすすめします。ことさら改まる必要はありません。

私は、常に真っ白なハガキを持ち歩くようにしています。

イメージの付加価値をつけてくれる言葉は「詩集」「俳句」の中にある

語彙力を高める最高のテキストのひとつが詩集や俳句、短歌だと私は思っています。
エドガー・アラン・ポーの『大鴉《おおがらす》』に、萩原朔太郎《はぎわらさくたろう》の『猫』、蕪村《ぶそん》の俳句など、どれもこれも、短い言葉だけで世界をこれほど豊かに表現できるのかと思うほどに、かぐわしい一編です。
中原中也の「湖上」という詩を紹介します。

ポッカリ月が出ましたら、
舟を浮かべて出掛けませう。
波はひたひた打つでせう、

風も少しはあるでせう。
沖に出たらば暗いでせう。
櫂《かい》から滴垂《したた》る水の音は
昵懇《ちか》しいものに聞こえませう、
あなたの言葉の杜切《とぎ》れ間を。
月は聴き耳立てるでせう。
すこしは降りてもくるでせう。
われら脣《くち》づけする時に
月は頭上にあるでせう。
あなたはなほも、語るでせう。
よしなしごとやすねごとや、
洩《も》らさず私は聴くでせう。
けれども漕《こ》ぐ手はやめないで。
ポッカリ月が出ましたら、

舟を浮かべて出掛けませう。
波はひたひた打つでせう、
風も少しはあるでせう。

なんとも豊かな言葉の世界だと思いませんか。

常日頃、実用書しか読んでいない、というような人は、ぜひ、詩集に手を伸ばしていただきたいと思います。**一気に語彙が広がっていく**はずです。

直接的な表現の羅列は、時に興ざめです。

たとえ、事実であったとしても、

「梅雨が明けていないというけれど、ここ数日、気温が上昇して汗ばみます。何よりも湿度が非常に高いので、不快指数も相当に高いはず。今夏は猛暑だと気象庁も予測しているようなので、ピーク時の電力使用量も相当多くなるでしょうね」

などと書いたところで、暑くて湿度も高くてムシムシと不快なんですね、ということは相手に伝わりますが、「それで何でしょうか?」ということになります。

「2日ほど前から、一気に気温が高くなりました。西の空に太陽が沈んだ後も、温度は下がる気配を一向に見せず、道端の紫陽花もくたりとしています。湿度を含んだ空気はじっとりと重く、梅雨空の下、夏の気配が日に日に濃厚になってきました。

夏至を過ぎて日暮れが早くなってくると、夜風の向こうから秋の足音すら聞こえてきそうな気がするくらい。季節はこうして足早に巡っていくのですね」

同じようなことが言いたいとしても、**書き方を少し変えるだけで風景が浮かび上がってくる**のです。

このように、詩の世界に触れることで、相手に自分の考えをイメージしてもらえる語彙力が身についていくのです。

〝感情を表す語彙〟を増やすには？

吉田兼好が『徒然草』第二〇段で、

「なにがしとかやいひし世捨人の、『この世のほだしもたらぬ身に、ただ空の名残のみぞをしき』といひしこそ、誠にさも覚えぬべけれ」

と書いたように、この世になんの執着もない自由な身の人であっても、自然がうつりゆく時のしみじみとした思い、流れ去っていく季節の風物への惜別の気持ちだけは、どうにも自由にならないものです。そんな感覚が行間からどことなく伝わってきます。

書き手がいて、読み手がいる。あるいは、話し手がいて、聞き手がいる。

言葉の豊かさはそこにあります。

書いた人や話した人の言葉を通して、読み手や聞き手が受け止めて解釈し、さらに

豊かに広がっていくのです。

だから、そこからなんのイメージも広がっていかないような直接的な表現だけを羅列していても、おもしろみが少ないのです。

聞き手や読み手の感性をくすぐり、さらにイマジネーションが広がっていくような言葉を紡ぎたいものです。

詩などはまさにその最たるものになります。

幾時代かがありまして
冬は疾風吹きました
ゆあーん　ゆよーん　ゆやゆよん

中原中也の「サーカス」の一部分です。言葉と音が、私たちの心をくすぐります。

「何年も時が過ぎていきました」ではなく、「幾時代かがありまして」と表現しています。

ブランコの揺れる音が「ゆあーん　ゆよーん」と響きます。読んだ人の脳裏には、自分が幼い頃に遊んだ公園のブランコのある情景が浮かびます。

あるいは、いつか観たセピアがかった映画のワンシーンかもしれませんし、もっと仄暗《ほのぐら》いイメージを抱く人もいるかもしれません。

「悲しいのです」「頭にくるのです」「さびしいのです」といった直截《ちょくせつ》的な言葉など使わなくても、なんとなく、物悲しさや悔しさ、ノスタルジックな何ものかなど、それぞれがそれぞれに表現を受け止めることができます。

「哀しみ」＝「林檎をガリリとかじる」

俳句や短歌も同様です。短い文章の中に、私たちはこの世の無常を読み取ります。

ある人が、若くして突然連れ合いを亡くし、呆然《ぼうぜん》とした日々を送りながら、自分の哀しみを「林檎《りんご》をガリリとかじる」という言葉で表現したことがありました。

その人の言葉にならない哀しみや悔しさや、形容しがたい感情が伝わってくるのです。

つまり、ある考えを、そのものズバリを言うことなく別の形で表現されたものが詩や俳句、短歌であり、私たちは作り手が編み出した言葉をたどりながら、その表現を追体験できるのです。まさに心を言葉にして伝える作業です。

「ある言葉を、違う言葉を使って表現する」という作業こそ、語彙力を高めます。

心ひかれる俳句や詩を見つけたら、ぜひ書き写してみてください。

哀しみをまとった俳句を、たとえば親しい人を失い絶望の底にある人への手紙にそっと添える。どんな慰めや励ましの言葉よりも、よほどその人の心に届くことがあります。

心を別の形で表現できるのが、言葉です。

ぜひ、詩集や俳句などに親しんで、ご自分の心を表現する幅を広げていかれることをおすすめします。

「あんな感じのこと」を表現するための〝類語力〟の伸ばし方

語彙力を増やすことのメリットとして、似たような言葉の羅列に陥らなくてすむ、ということがあります。同じような言葉が続けば、相手は話や文章の内容をくみ取りにくくなります。

どんなに文章力があって豊かな表現力を持っていたとしても、インプットを続けて語彙力を増やしていかなければ、似たような言葉ばかり繰り返し使うことになり、広がりに欠けてしまいます。

自分がしょっちゅう使いがちな言い回しがあったら、それの類語を調べてみましょう。

同じ意味を表す言葉にも、さまざまな表現があることを知ることができます。時には、驚くような表現に出会えることもあるのです。

おすすめは角川書店から出ている『類語国語辞典』（大野晋・浜西正人著）です。「あんな感じのこと」を表現するために、どんな言葉があるのだろう？　と悩んだときには、すかさず手に取って確かめてみるようにしましょう。

たとえば、「何かを気にかけて、心配しているような状態を表す言葉」を類語で見てみましょう。

「気にする」「気になる」から「心懸かり」「懸念」「頓着《とんちゃく》」「屈託」「配慮」「高配」、さらに「痛心」や「憂慮」「寒心」、果ては「同憂」「憂患」など、関連したことを表現する言葉がどんどん広がっていきます。

「知らなかった！」という言葉との出会いもあるでしょう。

常に、類語辞典をさっと取り出すクセをつけておくと、貧困な語彙力がみるみるうちに豊かになっていくはずです。

似たような言葉が並び、似たような文章ばかりでき上がる、という人には、ぜひおすすめしたい習慣です。

“文庫本を”“お風呂で”“1分間音読する”

語彙力を高めるためのおすすめのトレーニング法が、お風呂での音読です。

毎日入るお風呂の時間、「あーやれやれ……」と湯船に身体を伸ばすだけでなく、有効に活用してください。

浴室は湿度が高いので喉にも優しく、音読に適した環境です。音もよく響きますので、気持ちよく音読ができます。

言葉を声に出すことで、より強力に言葉を覚えることにつながります。また、漢字・単語自体は知っていても、読めないということはよくあります。

音読は、語彙力を伸ばす秘訣なのです。

入浴中の音読に、長い小説などは不向きです。短くさっと読めるエッセイや詩などがいいでしょう。先述しましたが、私はお風呂に『徒然草』などの文庫本を持って入るようにしています。

湿度で紙はふやけてしまいますが、文庫本は私にとっては消耗品です。きれいに保管するのではなく、使い倒す感覚で入浴中に気持ちよく音読しています。

音読の目安は約1分程度で構いません。長すぎると湯あたりしてしまいますし、集中力も続きません。

中原中也や萩原朔太郎、北原白秋に大岡信などの詩は特におすすめです。季節の表現などにしみじみ感じ入ります。

浴室の潤いある環境で、潤いある文章を、声に出して読む。本当に気持ちがよいものですから、ぜひ一度やってみてください。言葉は生きているのだな、と実感できるはずです。

寺山修司の短歌の中で、私が好きなものを一つ紹介しましょう。

「海を知らぬ　少女の前に　麦わら帽の　われは両手を　ひろげていたり」

目の前に情景が浮かんでくるようです。麦わら帽を被った「われ」は、なぜ少女に両手を広げているのでしょう。

「海は、こんなに大きいんだよ」と海の広さを伝えているのでしょうか。

あるいは、荒れた海を前にして、海の怖さを知らない少女に「こういう表情をしている海は危ないから、ここから先は行ってはダメだよ」と行かせまいとしているのかもしれません。

読み手の頭の中で、「われ」と「少女」が自由に動き出します。どのように解釈するのも自由なのです。

言葉は生きています。生きた言葉を日々声に出して読むことで、言葉を生かす力が自然と身についていきます。

お風呂は毎日入るものです。暑い夏はシャワーなどでさっと済ませたいという人もいるかもしれませんが、ぜひ、バスタブにたっぷりお湯を張って、毎日の音読タイムに活用してください。

喉を使った音読は健康にもよいと言われています。日々の汗や垢《あか》を流して、たっぷりと言葉のシャワーを浴び、心も身体も豊かになりましょう。

「昔の新聞を読む」ことは、語彙力向上のトレーニングに最適

最近、新聞を読む人が少なくなった、と言われます。ネットニュースなどで事足りると考えている人や、各社の利益につなげるためのバイアスがかかることに辟易《へきえき》している人もいるのかもしれません。

しかし、ネットに流れる言語と、新聞の紙面にすみずみまで眺めて見えてくる言語には、また違うものがあります。

とはいえ、新聞を取って毎日読みなさいと言いたいわけではありません。

ここでおすすめしたいのは、ただの「新聞」ではありません。

１００年ほど前の新聞をぜひ読んでみてほしいのです。明治時代や大正時代の新聞をぜひ手に取ってみてください。

都道府県立の図書館に行けば、縮刷版の昔の新聞が保管してあります。それらに目を通してみてください。

もちろん、激動の明治や大正の時代の紙面ですから、世界史で習ったような事件や戦争などの記述も多いでしょうが、社会面や政治面などに目を通していると、時代は変わっても、社会を騒がしているような出来事は今も１００年前も変わらないものだなあ、と感じることもできます。

さらに、日々発刊される新聞ですので、その時代の最先端の情報が紙面に濃縮されています。

当時、新しい物事をどのように吸収しようとしていたのか、１００年前の人々の意識を感じ取ることができるでしょう。

その上、１００年前の大衆に向けられて書かれた文章の中には、今の文章にあまり感じられなくなったような、漢語に基づいた美しい言葉を見出すことができます。

「古典」とまではいかない、たかが１００年前の文章ですが、現代の文章とは大きな隔たりがあります。

言葉というのは、おおよそ100年くらいで入れ替わってしまうものです。**100年の間に失われた言葉を読み解くには、それなりの語彙力が必要です。**

ですが、そのような言葉と格闘し、100年前の言葉と出会うことで、100年前への眼差しが育まれると同時に、100年先をも見据える長期的な視点を持つことができるように思います。

現代の仲間内だけでしか通用しないような語彙ではなく、100年を超えて読み継がれるような語彙を磨く。

そのことで、自分たちが生きている今という時代をも俯瞰し、客観視する力を持つこともできるのです。

わからない言葉を調べ、同じような意味の現代でも使える言葉を見つけることも、語彙力を高めるトレーニングになるのです。

「専門用語」「カタカナ言葉」を覚えるには〝王道〟が一番いい！

イノベーション。クラウドソーシングにボトルネック。レバレッジ、アジェンダ、インバウンド……。

１００年前の新聞記事の対極にあるような用語の羅列ですが、それぞれの業界などで盛んに使われるカタカナ言葉、最先端の言葉たちも知っておく必要があります。

語彙を磨くには、これらの新しい言葉たちも貪欲に取り入れていくべきでしょう。なぜなら、これらの言葉こそ、現代のビジネスの現場で適切に使いこなすことが日常的に求められているからです。

カタカナ言葉でもっともらしく言っているけれど格好をつけているだけ、もっとわかりやすく日本語で言えばいいのに、と毒づいていてもしかたがありません。

業界で、それが最も必要な言葉だから使われているのです。**自分もその意味を正しく理解して、言葉に振り回されないようにすればよいだけ**なのです。

その際、一番肝要なのは、知ったかぶりをしないことです。

よく知らないカタカナ言葉やアルファベットの略語などが出てきたときは、知らないのに曖昧にうなずいてお茶を濁したりしてはいけません。

知らないことは恥でもなんでもないのです。『論語』にも出てくる「下問」です。

先ほどもご紹介しましたが、ある立派な名前を与えられた人が、なぜ、そのような名前にふさわしいとされたのか。

それは、利発な上に学ぶことに熱心で、自分より目下の人に教えを請うことを恥とも思わなかったからなのだ、というエピソードです。

「下問」という言葉は、とても重要な教えだと孔子は言うのです。

本当に立派な人は知ったかぶりをしませんし、自分を上に見せようともしません。

極めて自然体で、知らないことは知っている人に教えてもらう。その相手が偉い先生だろうが、自分より年下の後輩だろうが、態度も変わりません。

孔子の時代だけでなく、現代もそれは同じです。よい仕事ができる人というのは、余計なプライドに振り回されることがありません。

ＩＴなどの世界は日進月歩、次から次へと新しいアプリやシステムが開発されます。その度に覚えなければならない言葉がたくさんあります。

しかし、語彙力を豊かにすることに敏感な人は、好奇心のアンテナが常に開かれている人です。

新しいことを覚えるのを面倒くさがるのではなく、昨日知らなかったことに出会えることに感謝して、謙虚に学びを続けましょう。

専門用語を耳にしたら、メモして、後で調べるということも大切なのです。

電子書籍の強みは「大量の文章に出会える」こと

今や、書籍市場の中でそれなりの位置を占めるようになった電子書籍。ここまでは、私が、詩集や新聞を読みましょうとおすすめしていますので、電子書籍とは無縁の人間だと思われた人も多いことでしょう。しかし、私自身、電子書籍でも多くの本を読みます。

「じっくり読むのは、やはり紙の本に限る」「紙を手でめくっていく、あの手触りがいいんだ」という人もまだまだ多いようです。紙の本の魅力はもちろんありますが、だからといって電子書籍のメリットを毛嫌いする必要もないと思います。

それぞれに違う存在なのですから、違う役割があって当たり前なのです。

電子書籍の魅力は、なんといっても多くの本をポータブルに持ち運べるという手軽さにあります。電子書籍版は紙版よりも安い場合も多く、気軽に「積ん読」ができるのもメリットです。

また、著作権の切れた昔の名作を、「青空文庫」などで、無料で読むこともできます。これを利用しない手はありません。古典的名作などを、ぜひ読んでみてください。

普段使うことのない語彙でも、読んでみることで、スルーすることなく言葉が自分の頭の中に入っていくことでしょう。

また、電子版は検索が容易というのも魅力のひとつです。串刺し検索といって、いくつもの資料の中から、特定の言葉や記事を一度にピックアップすることが可能な電子メディアもあります。調べ物をするときなどは実に便利です。

バリエーション豊富な大量の書物を片っ端から読み漁っていく上で、電子書籍は強力な道具であることは間違いありません。

大量の文章に触れるということは、それだけ多くの言葉に出会うので、語彙力も高まります。

暗記よりも「文字の形を見る」ことで語彙は身につく

多読の対極にあるのが熟読です。

漢字一つひとつの成り立ちや言葉の成り立ちを調べながら読んでいくことで、その言葉が自分の中に深く定着していきます。こういう深掘りの読書をする際には、漢語辞典を片手に、出てきた言葉を一つひとつ丹念にひも解いていきましょう。

実は、この方法こそ一番語彙力を高めることにつながります。

たとえば、「蔑視《べっし》」の「蔑」という漢字。

草冠の下に目があります。逆さまつげが目に刺さって見えにくくなっている状態です。

さらに、下半分の戍というときは尖った「戈《ほこ》」を意味しています。上からも下からも目にさまざまなものが刺さった状態では、当然ものなどよく見えません。「見ない」「ないものとして扱う」のが「蔑《なみ》する」という言葉の意味なのです。つまり、相手を存在しないかのように扱うという意味です。

あるいは、「禍《わざわ》い」という字。左側のしめす偏は、天に関するものを表す漢字に使われ、右側の部分は、ぐるぐると渦を巻いた状態を表しています。

天から降ってきた不幸がぐるぐると渦を巻いた状態を表す漢字だった、というわけです。

このように漢字の成り立ちから調べていくと、その文字の持つ意味がぐっと深く自分の中に定着していきます。

すると、「蔑」や「禍」などの字が持つ意味合いと似た言葉を調べたくなり「類語辞典」にも手を伸ばしていくことになります。

こうした知的な散策こそ、実は最も贅沢《ぜいたく》で楽しい時間です。楽しみながら、いつの間にか、ぐんぐんと豊かな語彙力が磨かれていきます。

第5章

日本人には特有の「伝わりやすい言葉のパターン」がある

話も文章も〝日本人のリズム五・七調〟を心がける

どんなに豊かな語彙を獲得していても、言葉にすると魅力的に伝わらない話し方をする人がいます。

興味深い話をしているようなのだけれど、なんとなく頭に入ってこない、という話し方をしてしまう人は多いのです。

「ＰＴＡは任意加入だと言われても、子どもの入学と同時に参加が当然という前提で説明が行なわれるので、ここで加入しないという意思表示を示すのは至難の業。

共働きや片親など家族の形態が多様化してきているのに、いまだにサラリーマンと専業主婦というステレオタイプな生活リズムを前提としたような平日昼間の活動では、参加できる人たちも限られてくるし、たとえ専業主婦でも小さな子どもがたくさんいたり、病気の家族を看病していたりと、外側からは見えづらい事情をそれぞれが抱えていることも少なくない。

多様な関わり方が認められ、関わらない自由も認められた風通しのよい組織運営が理想なのだけれど、現実の運営となるとなかなかそのようにはいかない」

このようにまくしたてられても、起承転結がつかみづらく、話のポイントが見えません。なぜならば、言葉がダラダラと流れていってしまっているからです。

理解しやすい言葉を発するために大切なのは、語彙だけではありません。

実は、言葉のリズムも非常に大切です。

英語、中国語、イタリア語、フランス語……。それぞれの言語には、それぞれの言語が持つ独特のリズム感があります。

日本語には日本語のリズムがあり、その一番の基本が五・七調（七・五調）、「5文字、7文字（7文字、5文字）」の言葉のリズムです。

そのリズムで区切って話すと、非常にテンポよく話を聞きやすくなり、言葉が力を持つようになります。これは、文章も同じです。

落語を聞き流してリズムをつかもう

「ＰＴＡは任意加入。そう言われはするけれど、現実は違う。入学するとすぐ、加入が前提で話が進められ、ノーの意思表示は相当にハードルが高い。

その上、多くの活動が平日の昼間に行われ、共稼ぎやひとり親世帯などへの配慮に乏しいケースも少なくない。

専業主婦でも、実は介護や育児に忙殺されているなど、事情は人それぞれだ。

ＰＴＡ活動には、関わり方のみならず、関わらないということも当たり前の選択肢となるような柔軟性が欲しい」

どうでしょうか。先ほどの文章とほぼ同じことを述べていますが、伝わりやすさが格段に違ってきます。

ハードル、忙殺、裁量といったイメージの伝わりやすい単語をちりばめつつ、短いテンポで区切っているからです。

こういったリズムを体得するのに最適のお手本が「落語」です。

落語の話芸はテンポが命です。ダラダラと話を引き延ばしては、面白い素材も台無しになってしまいます。

落語家がリズムよく身振り手振りで話をすると、お江戸の長屋に暮らす熊さんや八っつぁんが目の前に生き生きと立ち現れてきます。扇子一本で美味しそうに蕎麦《そば》をたぐったり、徳利から熱燗《あつかん》を注いだり。

もしも自分の話のテンポがいまいちで、耳を傾けてもらいづらいと感じたら、ぜひ五・七調を意識してみてください。

暇があるなら、一度は寄席に足を運んでみてもいいかもしれません。日本人の耳に心地よい五・七調のリズムを学べば、その言葉はきっとこれまでにない力を持つはずです。

バカにできない〝オノマトペ〟の刺激

もうひとつ、相手に耳を傾けてもらう工夫に欠かせないのが、魅力的なオノマトペです。

オノマトペとは、言わずと知れた、擬音語や擬態語です。

「ビューっと風が吹き抜けていった」「骨までシンシンと寒さが沁《し》みる」、あるいは、「自分のすぐ脇を車がビュンと駆け抜けて行った」など、**ある状態を音《おん》で表す言葉のこと**です。

これを効果的に使うことで、言葉は一気に魅力を増し、相手の耳をとらえます。

たとえば、「ビールでも飲みに行こう！」と誘うのと、「こんなジリジリと暑い日には、キーンと冷えたやつ、一杯どう？」と誘うのと、どちらが魅力的に聞こえ、頭を刺激

するかは一目瞭然です。

後者のような言葉で誘われたりしたら、冷えたジョッキが脳裏に浮かび、思わず喉がゴクリと鳴ってしまいそうです。

日本語は特にオノマトペが多い言語だと言われています。

「とっとっと」「ふわっふわ」で五感を刺激する

実際に、オノマトペは使い方や種類が固定されたものではなく、たとえば、「サーカス」で、中原中也はブランコの揺れている様子を「ゆあーん　ゆよん　ゆあゆよん」という言葉を使いましたし、宮沢賢治の「やまなし」では、「クラムボンはかぷかぷわらったよ」など、極めてオリジナルでユニークなオノマトペが使われています。

自分や相手の感性にぴたっときそうなオノマトペを使えるかどうか、その人のセンスが表れるところです。

オノマトペを、硬いビジネス文書の中で連発するのはふさわしい使い方とは思えませんが、相手の情に訴えたいというような場合には、ビジネスシーンにおいてもその威力を発揮します。

たとえば、新企画のプレゼンテーションを行なうとき、その場にいる人たちに、その企画の面白さや商品の魅力を伝えねばなりません。

そんなときは、五感を刺激するようなオノマトペを効果的に入れ込みます。

「帰宅して、とりあえずの一休み。とっとっととマイジョッキに一杯目を注ぐ瞬間の解放感をイメージしました」

「究極の生クリームを最も美味しくいただくためのアイテムが、ふわっふわのシフォンケーキなんです」

話を聞いている人たちの脳裏には、帰宅して靴を脱ぎ捨ててソファに座り込んだときの、なんとも言えない解放感に包まれる瞬間や、フォークがゆるやかにめり込んでいくシフォンケーキの柔らかさが浮かび上がってくることでしょう。

オノマトペとはちょっと異なりますが、一流のワインのソムリエが、ワインの繊細な味わいを表現する際に選ぶ言葉も見事です。

蜜のような味わい。

ビロードのような舌触り。

絹ごし豆腐のような喉ごし。

ワインに詳しくない私でも、文面から、芳《かぐわ》しい最高級のワインをテイスティングしているかのような心地よさを感じてしまいます。

あるいは、胃が痛むときも、ズキズキなのか、シクシクなのか、チクチクなのか、ギューっとなのか、使う言葉ひとつで痛みは全く変わります。これが言葉の力なのです。

オノマトペを有効に取り入れた言い回しで、相手の心をぐいっと引き寄せましょう。

こういったオノマトペは、日本人の言葉の理解を助けます。このような習性があることを知っておくと役に立つでしょう。

「すべてを言わずに」伝える技術

なんでもかんでもストレートに押し伝えていくのではなく、時にオノマトペなどを挟み込むことは言葉に力を持たせるためにも有効です。

ただし、もうひとつ、忘れてはならないのは、「**すべてを言葉にしようと思わない、行間に漂うものを大切にする**」ということです。

中国の詩には、「対句」という表現がとても多く使われます。

あくまでそこに書かれているのは事実のみ。しかし、その言葉が対になって並んでいることに意味があります。

つまり、並んだ2行の真ん中に、言葉になっていない何物かが埋め込まれている、

ということです。たとえば、杜甫《とほ》の「絶句」という漢詩があります。

江　碧　鳥　逾　白
山　青　花　欲　然
今　春　看　又　過
何　日　是　帰　年

長江は深い緑色をたたえ、飛んで行く鳥はだんだん小さくなって見えなくなる。
新緑の山は青々として、花は燃えるように赤い。
この春もあっという間に過ぎ去っていく。
いつになったら故郷に帰ることができるのだろう。
というような意味の詩です。

余計な言葉を並べすぎないこと

特に最初の2行は、風景のそのままを淡々と描写しています。

江に対して山、碧に対して青、鳥に対して花、「見えなくなる」という意味の「白」に対して、「燃えるような」赤。それぞれに対になる言葉が並びます。

静かに深い緑色をたたえる深い川。その深い碧に対して、鳥たちはますます高く遠く飛び去っていく。生命力にあふれた新緑の山、そこに花がまるで燃えるように赤く咲き誇っている。

つまりは、それぞれの情景の事実を並べたものです。しかも、美しくしたたるような自然の描写です。しかし、その一対の句の間に横たわっているものは何でしょうか。

そのものの正体は、続きの句を読むことで見えてきます。

この、美しくあふれんばかりに爛漫《らんまん》の春は、あっという間に過ぎていくものである、と杜甫は嘆きます。いったい、自分はいつになったら故郷へ帰ることができるのだろう。

つまり、故郷から遠く離れた杜甫が、望郷の思いにかられながら、みずみずしく美しい春の景色を見つめている詩だったわけです。

あっという間に春は過ぎていく。時間はどんどん経っていく。それなのに自分は今もまだ故郷からはるか遠くにいて、過ぎゆく美しい春をただ眺めているだけ。

悠久の自然に対して、有限の人間の生。

人間の生の無常を、杜甫はこの短い言葉の羅列の中に、見事に描き出しているのです。

これを、いきなり冒頭から、

「私は哀しい、私は寂しい、故郷が恋しくてたまらない」

などと歌ってしまっては、この詩にこれだけの奥ゆきは生まれなかったでしょう。

いよいよ美しく、いよいよ静かに爛漫のときを迎える大自然の豊かさがあるからこそ、それを見つめる杜甫の眼差しの物悲しさ、胸の内の苦しさがひしひしと迫ってくるというものです。

余計な言葉を並べすぎない。行間を伝えられるような言葉を選ぶことも、時に大切です。

「行間を読み解く力」がある人は一流

行間を伝えるために必要なのは、当然、行間を読み取る力です。

読み取ることができなければ、自分の文章の行間に、何かをにじませることなどできません。

対になった2行の間に大切な意味合いを埋め込んでいる漢詩の「対句」は、行間を読み解くトレーニングにぴったりの素材です。

明治の文豪といえばお馴染みの夏目漱石。彼は、実はものすごい量の漢詩を書いていたことでも知られています。

杜甫の漢詩だと、どこか遠くに感じる人でも、馴染み深い夏目漱石の漢詩であれば、ちょっとは身近に感じられるかもしれません。

漱石最期の詩は次のようなものでした。大正５（１９１６）年11月20日夜の「無題」という詩です。

真蹤寂寞杳難尋
欲抱虚懐歩古今
碧水碧山何有我
蓋天蓋地是無心
依稀暮色月離草
錯落秋声風在林
眼耳双忘身亦失
空中独唱白頭吟

真蹤《しんしょう》は寂寞《せきばく》として杳《よう》として尋ね難し
虚懐を抱いて古今に歩まんと欲す
碧水《へきすい》　碧山　何ぞ我有らん
蓋天《がいてん》　蓋地《がいち》　是れ無心
依稀《いき》たる暮色　月は草を離れ
錯落《さくらく》たる秋声　風は林に在り
眼耳双《ふた》つながら忘れ　身も亦《また》失う
空中独り唱う白頭の吟

悟るということは決して生易しいものではない。
自己本来の面目は何かと訪ねていけばいくほど、道は遥かに寂寞としてつかみきれない彼方にある。

自分はたとえ豁然《かつぜん》と大悟することはできないまでも、せめて我欲を去った虚しい心で生涯を終えたいと考える。

深緑色の河や山を見るがいい。どこに醜い我執があるだろう。

空や大地を見るがいい。そこには無心のみがある。

ほんのりと夕闇が閉ざす草むらから月が上がり、雑木林に秋の風がわびしく音を立てている。

私はこの耳目の美しさの中で自らを忘れあたかも空中に舞い遊ぶような絶妙の佳境に浸っている。

杜甫ほどのわかりやすい詩ではありませんが、悠久の自然に対する人間の有限さ、しかしその有限の生の中にも「無心」という境地を迎え入れることができれば、その「有限さ」をも超越することができるのだという想いが記されています。

行間を読む力がある人は一流です。ぜひ、見えない文章を読み取る力をつけてください。

結論から話すのはいいけれど、「なぜ、動詞が最後にくるのか」を考える

さて、わかりやすく伝えるコツとして、最初に結論を示す、ということがよく言われています。

「実は、今年、日本人に最も人気の高かった海外の旅行先は◯◯なんだそうです」

と、一気に結論から言ったほうが、話を聴く側も、

「そうなんですか。人気のアミューズメントパークでもできましたか？　滞在中はどのように過ごす人が多いのでしょうね」

と、興味をそそられるでしょう。

「一時期、海外旅行に行く人が減った時期もありましたが、このところ海外旅行は好況のようですね。バックパッカーとしてさまざまな国々を見て回る経験というのは、時間がたっぷりある若者だからこそできる体験でしょう。

アラサーやアラフォーの女性たちに人気の国、ファミリー連れに人気の国など、それぞれのニーズによって人気の地域や国は異なります。

また、治安の問題などで不安を抱えた国は、当然ながら観光客の集客力も落ちてしまいますね……」

などと長々と前振りをしていては、話を聞く側もあきてしまいます。

しかし、一方で、英語などとは違って、**日本語は動詞が最後**にきます。

「私は、好きです、この膨大な蔵書を持つ図書館が」

ではなく、

「私は、この膨大な蔵書を持つ図書館が、好きです」

というのが日本語の文章の構成です。話を最後まで聞かなければ、重要な部分がわかりません。

そういった構成に馴染んでいる日本語ですので、**結論を最初に言う場合でも話の助走をおろそかにしてはいけません。**

つまり、いきなり本題に入るのではなくて、それにまつわるような、ウォーミングアップとしての会話を交わすことで、それとなく相手に心の準備をする時間を用意するのです。

相手に心の準備をしてもらう

「いい季節になりましたね。こう気候がいいと、どこかに出かけたくなりますね」

と言ってから、旅行の話を切り出すのもいいでしょう。

あるいは、

「お子さん、おいくつになりました？　よくしゃべるようになったでしょうね。うちの子は、今がちょうどイヤイヤ期で手をやいてますよ」

などと、共通の話題で場を温めておくのもいいでしょう。

いずれにしても、ダラダラ話は禁物。

五・七調、日本語のリズムを意識して、テンポよく区切りながら話してみましょう。日々の思考を文章化してきたアウトプットの蓄積もこうしたところで発揮できることでしょう。

会話というのは、「よし、この人と、この話題の土俵に一緒に乗ってみよう」と、お互いが思えなければ有意義なものとして成立しません。

どちらかが頑なままだったり、どちらかが独りよがりに暴走してしまうと、お互いにとって納得のいく対話にはなりません。

相手を上手に土俵に乗せられるような語りかけを、会話の冒頭では心がけたいものです。

親父ギャグは平安時代から続く日本人の性

この章の最後に、ちょっとしたおもしろ話をしておきます。使わないとしても、知識として知っておいてほしいことです。

布団が、ふっとんだ。
隣の家に壁ができたよ。へぇー（塀）。

小さい頃に、一度は口にしたことのあるダジャレ、いわゆる親父ギャグです。
こんな言い回しはベタすぎるにしても、ちょっとしたギャグはピリリとしたスパイスになりますし、**実はちょっと優雅な言葉遊び**でもあったりするので、嫌味でない程

度に教養を披露できるところでもあるのです。

実は、親父ギャグは平安時代から存在していました。古典的な和歌は親父ギャグのオンパレードと言っても差し支えないほどです。趣ある言葉に裏の意味が引っ掛けられていて、その洒脱《しゃだつ》な遊び心には思わず膝を叩きたくなります。

たとえば、平安時代前期に編纂《へんさん》された勅撰《ちょくせん》和歌集である『古今和歌集』には、こんな歌が収められています。

心から　花のしづくに　そほちつつ　憂く干ずとのみ　鳥の鳴くらむ

「憂く干ず」という言葉に、ある鳥の名前が隠されています。なんの鳥か、わかりますか？　音感から想像できるのではないでしょうか。

そうです、鶯《うぐいす》です。

心までも花の雫《しずく》に濡れそぼってしまい「ちっとも乾かず憂鬱《ゆううつ》だなあ」と鳥が鳴いているようだ、と、春の長雨のしっとりとした情景を歌った歌です。

ちっとも乾かず憂鬱だなあ、と鳴くのは「ホーホケキョ」の鶯。

なぜなら、「乾かず憂鬱」で「憂く干す」＝「ウグイス」だから。しっとりと情緒的な和歌の中に埋め込まれた親父ギャグです。

あるいは、百人一首のひとつに選ばれているこんな句もあります。

わが庵《いほ》は　都のたつみ　しかぞ住む　世をうぢ山と　人はいふなり

私の庵は、都の東南方向にあって、こんなにのんびり住んでいます。ところが、人々は、世を「憂し」としての「宇治」山暮らしだなどと言うのです。

どこに親父ギャグが潜んでいるか、お気づきでしょう。「憂し」と「宇治」という地名をかけているのです。こんな世の中を憂しとしているから、宇治山に住んでいるんだな、と人々が噂をしている、と詠《よ》んだ歌です。

もうひとつ、「しかぞ住む」は、「このように住んでいる」という意味ですが、それに加えて「鹿なんぞも住んでいるのだ」ということをひっかけている、という解釈も可能です。

「鹿なんぞもいる、そのような山暮らし」で「しかぞ住む」なわけです。

ベタな親父ギャグでありながら、行間にしっかりと深みが増すような「洒脱な言葉遊び」だと思いませんか。余分なものを削ぎ落としているだけでなく、短い言葉にいろいろな意味合いを含ませて、読み手の想像力に委ねる。そこに情緒や余韻を感じ取ることもできます。

話の間に息抜きを入れてあげる

難しい大量の語彙力を駆使して難しい理論を展開するだけでは、話すこちら側だけでなく、聞いている相手も息が切れてしまいます。

時には、遊び心をにじませて、相手をほっこりとなごませ肩の力を抜かせてしまうような言い回しも身につけるとよいでしょう。

親父ギャグを使うのが気がひけるという人でも、**ひとつの言葉で２つの意味を持たせるような日本語表現をすると考えてみてください。**何もギャグにする必要はありません。

私はカルチャーセンターなどの授業では、このような言葉遊びを交えて、話をしたりします。

たとえば、『論語』の中に出てくる最も大切な教えに「仁《じん》」というものがあります。

「仁」とは、一言で言えば、親子の関係の中に存在する愛情です。

平均して30歳くらいが寿命であった古代、親は大切に子どもを育てました。ところが子どもが成人して結婚する15歳くらいになると、親はもう30歳くらいになって死を迎えるのです。

親が子を想う気持ちと、大切に育ててくれた親に対しての想いは、現代よりどれほど強かったかと思います。

孔子は、こうした「想い」を他人とも共有することができれば、世界は平和で「愛」

に包まれるものになるのではないかと思い、これを「仁」という言葉で人々に説いたのです。

「ジーン（仁）」としませんか？

たとえば、こんな感じです。

笑っていただいて、ひとつでも大切なことを伝えることができれば、これほど幸せなことはないと思うのです。

平安時代の「親父ギャグ」の和歌も、つまるところは、「ふふふ」と笑ってもらって、愛を相手につなぐのが目的だったのです。

これは、かなりテクニックとしては難しいのですが、知識として知っておくといいでしょう。

日本語の教養としても大切なことなので、ぜひ覚えておいてください。

第6章
わかりやすく説明するための工夫

そもそも興味がない人に、話を聞いてもらうには？

聞く気のない人に、こちらの話に興味を持ってもらうのは至難の業です。

しかし、大学で教壇に立つというのは、そうした難題に常にチャレンジを続けていくことだと言えます。

特に、自分の外側に興味を持たない学生たちが多くいる、教室などでの講義は非常に難しいと感じます。スマホなどでゲームのキャラクターをゲットすることには熱心になっても、自分の生活とあまり直結しなさそうな、授業で学ぶ漢字の成り立ちなどについては、あまり知識欲を刺激されないようです。

興味がなさそうにぼーっとして、何の反応も示してもらえないと、話しているほうは大変つらい気持ちになることもあります。

あるいは、うとうとと眠そうにしている学生たちの姿を見ていると、自分の言葉が届いていない、ということを痛感します。

こうした学生たちは、あらかじめすべて設計され、デザインされたもので遊ぶことには慣れていますが、紙とペンだけで自由自在に遊ぶ、というようなことが苦手なのではないか、と感じます。

アミューズメントパークでも電子ゲーム機器でも、与えられた世界の中で楽しく遊ぶことはできますが、白い紙の上に自らが何かを創造していく楽しみは知らないのではないかと思うのです。

とはいえ、それをいくら嘆いてもしかたがありません。

しかし、思考しなければ、頭の回路が錆《さ》びついてしまうのではないかと心配になりますし、私もお給料をいただいて学生たちの前に立っているわけですから、少しは好奇心の扉を開いてあげなければなりません。

そういうときの私のコツを少しお伝えしましょう。

プロは話を聞いてくれない人にわかりやすく話す技を持つ

私は、好奇心の扉を閉ざしている学生たちのことを、「水の中で溺《おぼ》れている状態」だと考えるようにしています。

水の中から抜け出せないでいるのに、水の外側から話を聞いてくれと言ってもしかたがありません。

まずは、水から引き上げて溺れないところまで連れて行く。そのためにも、まず相手と一緒に水の中に入って、そこから抜け出していくことが必要です。

そこで、みんながよく知っているネタにまつわるような例をたくさん持っておくようにしています。

いきなり、「『論語』とは」、「『韓非子』とは」、などと話すよりも、ちょっと古い話題でも、興味を持ってくれる話をします。

学生も知っているような映画やアニメ、漫画で、古典を題材に使っているものについて話題を振ってみたりするのです。

そのような話をして、相手に興味を持ってもらう。面白がらせて、まずは溺れている水の中から連れ出すようにしています。

水の中から出てくることができなければ、言葉というのは伝わらないと思うからです。

自分の言葉に、打てば響くように反応してくれる人に向かってわかりやすく話をするのは難しいことではありません。

興味を持ってもらえそうにない相手を想定して、そういう人に興味を持ってもらえるように話をするように心がければ、わかりやすく説明する技術はぐんぐんと磨かれていくでしょう。

まずは聞いてもらう姿勢になってもらわなければ、話をする意味がなくなってしまうのです。

この接続詞の使い方で、相手は自然に話の流れをつかんでくれる

話が上手な人というのは、接続詞の使い方が極めて絶妙です。

話は、ずっと一本調子でダラダラ展開すべきものではありません。

どこかで異なるフェーズへと展開させる。その際に、**接続詞が完全に欠如した話し方をすると、相手は戸惑います。**

いきなり話が明後日の方向に飛んでいったように感じたり、話の枝葉がごちゃごちゃと脈絡なく広がっていくように感じて、話の筋道を立てて聞くことが苦痛になってしまいます。

「最近の世論調査では、月に1冊も本を読まないという人が、なんと3割にも達したそうですね」

と述べておいて、いきなり、

「うちの近所に素敵なカフェができたんですよ。書店が併設しているカフェなんです」

と話を続けると、向こうは面食らうでしょう。

「この人は、どういう脈絡でこの話を持ってきたのだろう」と考え込んでしまいます。

その場合には、

「本を読まない人が増えたというけれど、一方で、本が好きな人は、一定数いますよね。〝というのも〟、うちの近所に新しいカフェができたんですけれどもね。このカフェ、書店に併設されたもので、いつ行っても読書をする人たちで賑《にぎ》わっているんです」

と、話の展開に必要な接続詞をしっかり入れながら言葉をつないでいくと、相手も流れが見えて、安心してあいづちを打つことができます。

接続詞は会話をわかりやすくする手段として非常に大切です。接続詞がちぐはぐな人は、会話の進め方が決して上手ではありません。

話の展開を変えたいときには、「それはさておき」や「ところで」などと入れることで、相手も一呼吸入れることができます。

石黒圭さんが、『文章は接続詞で決まる』（光文社）という本をまとめられていますが、これを読むと、接続詞がいかに大切なものであるのかがわかります。

接続詞で流れをつくる

「もし、そうであるとするならば」であれば、前の話を仮定のものとして、その結果を考える話へとつないでいくことができますし、「ところが」と入れれば、意外な展開へとつなぐことができます。

「結局のところ」と言えば、何かを結論づける、ということが伝えられますし、「ちなみに」と入れれば、ちょっと本筋から離れるけれど、関連する情報なので、というニュアンスが込められます。

つまり、**接続詞を適切に使うことで、相手が話を何層ものレイヤーのように積み重ねて整理していける**のです。

ダラダラと接続詞も入れずに続く話は、右から左へ言葉の羅列として流れていってしまいかねません。

エリートは〝副詞〟に感情をうまく乗せている！

また、接続詞と同様に大切なのが、副詞です。

その言葉が単なる事実の羅列だけで終わらず、**その人なりの叙情を込められるかどうかは、副詞が決め手**となります。

「明日、デザイン案が出てきますので、比較した上で、その日のうちに企画書をまとめてしまいましょう！」

↓

「明日、デザイン案が出てきますので、じっくりと比較した上で、その日のうちに企画書をカッチリまとめてしまいましょう！」

「我が家の老猫は、昨晩は弱っていましたが、峠を越したのか、今朝になったら自力で立ち上がりました」

↓

「我が家の老猫は、昨晩はぐったりしていたのですが、峠を越したのか、今朝になったらヨロヨロしながらもぐっと足を踏ん張って立ち上がったんです」

どちらのほうが、相手にすっとイメージとして伝わるか、比較してみてください。後者のほうがわかりやすいはずです。

代表的な副詞をご紹介しておきますので、押さえておいてください。

【状態を表す副詞】

「すぐに」「ときどき」「やっと」「よく」「そっと」

【程度を表す副詞】
「とても」「もっと」「かなり」

【叙述（陳述・呼応）を表す副詞】
「決して〜ない」「到底〜できない」「なぜなら」「だから」

【指示を表す副詞】
「こう」「ああ」「どう」「そう」

副詞を乗せることで、その人の企画への意気込みや、猫に対する愛情あふれる眼差しなどを言葉の中に入れ込むことができて、言葉は俄然《がぜん》魅力を増します。

アメリカ、イギリスのエリートは、副詞を学び、そこに自分の感情を乗せる技を持っています。

結論を理解してもらうための布石
〝短く〟〝繰り返す〟

わかりやすい説明のために心がけたいことを、もうひとつご紹介します。
それは、文章の短さです。
よく、ひとつのセンテンスがやたらと長くて、延々としゃべり続ける人がいますが、文章の途中で主語も入れ替わり、話のポイントも見えなくなり、わかりづらいことこの上ありません。
こういう話し方をする人というのは、自分でも結論が見えないための苦し紛れの話をしている場合が少なくないのです。

相手をあきさせないためにも、話の方向が見えなくならないためにも、文章はでき

るだけ短く、聞きやすく、平易な言葉で、短い文章を重ねていきましょう。合間に接続詞を挟み込むことも忘れないでください。

キーワードは繰り返して

そして、話していて論点がブレてしまいがち……という人におすすめなのが、重要な部分、話の主題となっている言葉を何度も繰り返すことです。

たとえば、新しい企画会議をしていたのに、いつの間にか、前回の企画の際の苦労話や思い出話に時間が潰されてしまったり、ということがままあります。

その苦労話が、次の企画開発に生きてくる話であればいいのですが、余談に時間を費やすだけで、「で、本題に戻りましょうか」と話を断ち切られ、ただの雑談として終わってしまいがちです。

そうならないためにも、**自分たちの話の軸がどこにあるのかを、何度も折に触れて会話に挟み込むこと**です。

「それでは、今度の企画の際には、その反省点をふまえて、見積もりは複数取るようにしましょうか」

とか、

「今度の企画の際も同じ会場でいいでしょうか。それとも、もっと別エリアを開拓してみましょうか」

など、本来の主題キーワードを何度も繰り返すようにしてみましょう。話の軸がぶれすぎることがなくなり、かつ余談が貴重なヒントになります。

ワンパターンは避けつつ、自分のクセは程よく残す

話の最初に、話の全容を数にして伝える、というのも有効です。

「今回のイベントの運営において、特に重要なことが3点あります」
「本日の議題において、皆さんにご意見を伺いたいことが2つあります」
「今日お伝えする大切なポイントは、5個です」

という具合に、項目数を最初に挙げると、**聞く側の集中力がぐっと高まりますし、項目ごとにメモを取るなど、話も整理しやすくなります。**

何より、「今の話は5つのうちの3つ目なんだな」という具合に、話の進行がイメージできるので、ただ漠然と聞き流しているよりも話のポイントが押さえやすく、集中

力が途切れにくくなります。

とはいえ、毎回毎回、同じパターンをやっていると、聞いている側に「またか」と思われてしまいますので、ワンパターンに陥らないように気をつけましょう。

今回は話のポイントの数を冒頭にあげたとしたら、次回は、何かを紹介することから始めてもいいかもしれません。

あるいは、今、人気のキャラクターや、大ヒットした映画の題材から話題をふってもいいでしょう。

話す相手を見極めつつ、ワンパターンにならないような工夫が必要です。

しかし、あまりにテクニックに溺れてしまいすぎるのも禁物です。

言葉というものは生き物です。その人が言う、その人の生の言葉だからこそ、相手の心に届くのです。

あまりにステレオタイプ、見え透いたテクニックを駆使するばかりでは、相手の印象に残らなくなってしまいます。それどころか、かえって興ざめしてしまうことも。

また、人それぞれに性格があるように、その人の言い回しにも、その人のクセや独特のリズムがあるものです。

自分らしさを残しつつ伝える

たとえば、おいくつになっても弾丸のようにトークを繰り広げる黒柳徹子さん。ものすごいスピードで話が展開していくのですが、黒柳さんならではのマシンガンのような話術が聞く人を惹《ひ》きつけます。

また、ゆっくり朴訥《ぼくとつ》とした語りが特徴の故・立松《たてまつ》和平《わへい》さんは、あの話しぶりが魅力でした。

そこまでキャラが立っていなくても、それぞれの人には、その人の持ち味があります。

会話の途中に「なんで」を多く挟み込む、語尾が尻切れになる、接続詞がすっ飛んでいる、といった聞き苦しいクセはできるだけ直したほうがよいのですが、その人らしさまですべて消すことはありません。

とても楽しそうにあいづちを打つ人だな、とか、かなり断定的なものの言い方をする人だけど、気持ちがこもってくるとついそうなってしまうんだな、など、それぞれの言い回しのクセなどは、印象として相手に残るものです。

お手本通りの話術だけでなく、そこに**自分のスパイスを効かせて、相手の記憶に残る話を展開するようになれるといいでしょう。**

余力があるなら「記憶に残る視覚情報」を使おう

さて、ここまで、言葉での表現の工夫について、さまざまな角度から考えてきました。

言葉というのは、単なる文字記号の羅列でありながら、底知れぬ表現のエネルギーを持っているということがおわかりいただけたかと思います。


ここで、言葉を話す際に大切な「視覚情報」についても触れておきたいと思います。

あなたが何かを話すときに、**相手は、ただあなたの言葉に耳を傾けるだけでなく、それを話しているあなたの表情や身振りなどもしっかりと見ています。**

ですから、ほどよい身振りや手振り、相手を見つめ返す目など、話すあなたのパフォーマンスすべてが非常に重要になります。

目を背けながらボソボソと話すのと、目線を相手に向けながら、時折、遠くを見つめるなどしつつ、のびやかに話すのでは、相手の印象も違ってくるでしょう。

私は、詩の絶叫パフォーマンスなどというものを披露したりすることがあります。大好きな詩を叫びながら、あるときは鳥になって羽ばたいたり、あるときはシャボン玉のような気分で漂ったりします。

仲間たちが、ギターや笛でＢＧＭを奏でてくれることもあります。実に愉快です。お客さんにも、自由に愉快に過ごしていただきたいと思ってパフォーマンスをします。その意味でも、目から入ってくる情報は大切です。

私の声、コスチューム、身振り手振り、表情。それらすべてが合わさってのパフォーマンスです。

ですから、プレゼンテーションや説明のときなどには、特にそれらの視覚的な情報には注意が必要です。

見せ方にも一工夫をしよう

近年では、ほとんどの人がパワーポイントを使ってプレゼン資料をつくることが多いでしょうが、どれもこれも似たり寄ったりの円グラフや棒グラフのオンパレードで、時折うんざりとします。

以前、あるシステム設計が失敗する例を説明する話を聞いていたときに、「このシステム設計では……」と一呼吸置いて、車がクラッシュしているような写真を表示させ、「結果はクラッシュ！　うまくいきません」と言ってインパクトを演出した人がいました。

失敗するパーセンテージなどの円グラフを表示するだけよりもはるかに、「大失敗」という強烈な印象を受けました。

ホワイトボードに板書する際にも、複数のカラーペンを使用して色で種類分けをしたり、時系列に並べたり、視覚的にわかりやすく書くだけで、印象はガラリと変わります。

私は、ほとんど毎時間、漢字の原義を説明したりするときには、イラストを描いて学生たちに笑ってもらうようにしています。

学期末に、授業で何か身についたこと、忘れないでいられそうなことがありましたかと質問をすると、必ず、イラスト付きで学んだ漢字と答えてくれるのです。

「批判」と「反論」が精度の高い意見をつくる

さて、絶対的にパーフェクトな技術などというものは存在しません。

言葉を操るのが、それぞれに個性がある人間であり、受け取る側にも異なる個性がある以上、当然です。

ですから、失敗を恐れずに繰り返すことが大切です。

大切なのは、常に努力を怠らないこと。

そのためにも、**身近な家族や同僚などに自分の話し方を聞かせて、率直な意見を言ってもらうようにしましょう。** 批判されたからといってへそを曲げてはいけません。

批判は〝気づき〟と〝改善〟のために不可欠なものです。

いいクセは残してもいいのですが、自分では気づかないうちに、耳障りな言い回し

をしているかもしれません。

目線がさまよっていて、説得力に欠ける身振りになっているかもしれませんし、声に落ち着きがなくて聞き苦しいかもしれません。

第三者では言いづらいような指摘を、身近な人にはどんどんしてもらいましょう。

あるいは、あえて内容に関して反論を言ってもらうのもいいでしょう。

自分の論点の甘さを突いた鋭い反論を出してもらう。社内のライバルになったような気持ちで、自分の意見に対して、水をさすようなことを言ってもらいましょう。

それらの反論を乗り越えられてはじめて、その意見は説得力を持ちます。反論に太刀打ちできないような意見は、まだ自己満足の域を出ません。

感情的にならず、常に謙虚に耳を傾けるのです。

そして、迷い、行き詰まったときにはぜひ、古典を開いてみてください。

数百年にわたって読み継がれてきた古典には、人間が抱くあらゆる問い、あらゆる悩みの答えが詰まっていると言えます。

そんな名著が、現代は、ほぼ無料に近いような形で、あちらこちらで手に入れて読むことができます。

あるいは、いろいろな人たちの名訳によって味わいの異なる文章に触れることができます。

古典に学ぶということは、近視眼に陥ることなく、長い視野で物事を考えられる「教養」を身につけるということです。

教養が身についているということは、アウトプットのための引き出しの容量がぐっと大きくなっているということです。

古典をたっぷり活用して、ご自分の頭の中の考え、その魅力を十二分に発揮できる「言葉」を手に入れてみてください。

おわりに

「文章がうまくなる」「人との会話やプレゼンが得意になる」ためには、どうしても時間がかかります。一朝一夕というわけにはいきません。

ですが、すべてのことが日々の積み重ねです。

わからない言葉があれば、調べる、声に出して読んでみる、自分で書いてみる、会話の中で使ってみる、ということを繰り返しているうちに語彙力もつきます。

1日でいいので、パソコンやスマホなどに入っているメモの機能を使って、自分が知らない「語彙」と「その語彙を使った文章」を入力してみてください。

電車やバスの中にある広告を見るだけでも、知らない語彙、自分では使いこなせないかもしれない語彙、こんな表現が使えたらいいなと思うものがあるはずです。

それから、もうひとつ、本書には書きませんでしたが、もう一度、日本の文学作品などで小中高の教科書で一度習ったことがあるような作品を、ゆっくり、音読してみてはいかがでしょうか。

たとえば、

新美南吉《にいみなんきち》『ごん狐』

高村光太郎『道程』

福澤諭吉『学問のすすめ』

森鷗外《もりおうがい》『雁』

夏目漱石『吾輩は猫である』

芥川龍之介『羅生門』

下村湖人『次郎物語』

小林多喜二『蟹工船』

幸田露伴『努力論』

吉川英治『宮本武蔵』

目で読む読書と、自分で声に出して読む読書とでは、全く違います。

初めは、口がうまく回らないこともあるでしょう。でも、これも毎日やっていると、そのうちに慣れてきます。程よい湿気があって、自分の声が響くお風呂で読むことをおすすめします。

音読をすることの効用は数えきれません。

口が滑らかになる、語彙や日本語のリズムが身につくのはもちろん、医学書などを読むと健康にもとてもいいと書かれています。

ぜひ、音読を試してみてください。

「やばい」という言葉だけで、1日をやり過ごすというのではなく、もっとたくさんの美しく元気になる言葉と出会い、そうした言葉をうまく使いこなしながら、楽しい日々を過ごしていただければと思います。

今回も、前著『語彙力がないまま社会人になってしまった人へ』と同じく、ワニブックスの内田克弥様、また、私の元ゼミ生の森下裕士様に編集をしていただきました。この場を借りて、衷心より御礼を申し上げる次第です。

二〇一七年八月吉日

山口謠司拝

プロデュース　森下裕士
装丁　中西啓一（panix）
本文デザイン＋ＤＴＰ　佐藤千恵
校正　広瀬泉
編集　内田克弥（ワニブックス）

頭の中を「言葉」にしてうまく伝える。

著者　山口謠司

2017年10月10日　初版発行

発行者　横内正昭
編集人　青柳有紀

発行所　株式会社ワニブックス
〒150-8482
東京都渋谷区恵比寿4-4-9　えびす大黒ビル
電話　03-5449-2711（代表）
　　　03-5449-2716（編集部）
ワニブックスHP　http://www.wani.co.jp/
WANI BOOKOUT　http://www.wanibookout.com/

印刷所　株式会社美松堂
製本所　ナショナル製本

ISBN978-4-8470-9616-7